Georg Kerschensteiner
Begriff der Arbeitsschule

CLASSIC PAGES

Georg Kerschensteiner
Begriff der Arbeitsschule

Reihe: classic pages
1. Auflage 2010 | ISBN: 978-3-86741-244-5
© Europäischer Hochschulverlag GmbH & Co KG
www.classic-pages.de

VORBEMERKUNG ZUR ERSTEN AUFLAGE

Am 12. Januar 1908 hielt ich auf Einladung der Erziehungsdirektion des Kantons Zürich zur Feier des 162. Geburtstages Heinrich Pestalozzis in der Peterskirche zu Zürich die Festrede. Ich wählte das Thema: »D i e S c h u l e d e r Z u k u n f t i m G e i s t e P e s t a l o z z i s« und nannte sie eine Arbeitsschule. Was damals meine Seele bewegte, kleidete ich dem Zweck der Stunde und der Weihe des Ortes entsprechend in die Form einer Predigt, der es weniger um Formulierung logischer Begriffe zu tun sein konnte als um die Hinführung der Herzen auf ein altes, immer noch unverwirklichtes Ideal der Schule.

Vier Jahre sind in der Zwischenzeit verflossen. Das Wort »Arbeitsschule«, das älter ist wie die Werke Pestalozzis, ist seit diesem Tage zum Schlagwort geworden. Es war, als ob mit einem Male der wunde Punkt unseres gesamten öffentlichen Schulwesens, nicht bloß der Volksschule, sondern ebensosehr auch der Gymnasien und Oberrealschulen, der ja längst mehr oder weniger bestimmt empfunden wurde, deutlich erkannt worden wäre. Aber es schien nur so. Denn die mannigfaltigen pädagogischen und methodischen Verirrungen, die das Schlagwort in Theorie und Praxis hervorrief, zeigten deutlich, wie äußerlich und mechanisch man den Geist der Arbeitsschule erfaßte und wie viele unklare, ja bedenkliche Vorstellungen ganz unwillkürlich mit dem Begriff der Arbeitsschule verquickt wurden. Ich will hier nur hinweisen auf die fast überall sich einstellende Verwechslung der manuellen Arbeit mit der geistigen Arbeit und auf die psychologisch so verfehlten Konzentrationsbestrebungen, welche die natürlichen, historisch gewordenen, einheitlichen Wissensgebiete in tausend Stücke zu zerreißen vorschlugen, um sie dann in völlig willkürlicher Zusammensetzung und Verknüpfung ohne jedes wirkliche geistige Band »quo omnis doctrina ingeniarum et humanarum artium continetur« (Plato bei Cic. de orat. III, 6, 21) den Schülern darzubieten.

Um diesen Verirrungen und Verwirrungen ein Ende zu machen, hat der »Bund für Schulreform« das Thema der Arbeitsschule für die zweite Tagung des Bundes in Dresden vom 6. bis 8.

Oktober 1911 auf sein Arbeitsprogramm gesetzt und Schulrat Gaudig und mich eingeladen, über den Begriff der Arbeitsschule zu referieren. Im Anschluß daran sollte durch eine eingehende und ausgedehnte Debatte diesem Begriff noch weiterhin die nötige Klarheit und Eindeutigkeit gegeben werden. Ich war der Einladung sehr gerne gefolgt. Sie gab mir Veranlassung, das, was meinen Geist und mein Herz seit vielen, vielen Jahren bewegt, in einer von wissenschaftlichen Methoden geleiteten Arbeit niederzulegen.

Diese Arbeit übergebe ich hiermit der Öffentlichkeit und hoffe von ihr, daß sie die Entwicklung unserer Volksschulen wie die Reform unserer höheren Schulen – denn für beide Gattungen gelten die gleichen Organisationsprinzipien – vor Verirrungen bewahrt, die weit gefährlicher wären als die Sünden der alten Buchschule. Wer den Inhalt dieser viel ausführlicheren und strengeren Abhandlung mit dem Inhalt meiner Rede vom 12. Januar 1908 (abgedruckt in »Grundfragen der Schulorganisation«, B. G. Teubner, Leipzig, 4. Aufl. 1920) vergleicht, wird erkennen, daß sie sich verhalten wie Gesetz zum Beispiel.

Sonderbarerweise hat meine Rede vom 12. Januar 1908 einen Schriftsteller veranlaßt, die Priorität des Gedankens der Arbeitsschule für sich in Anspruch zu nehmen. Da ich sie niemals für mich behauptet habe, bleibt mir die Antwort erspart. Nur das eine will ich bemerken: Die I d e e der Arbeitsschule ist so alt wie die Erziehungslehre. (Vgl. Plato, leg., S. 819ff., Oxforder Ausgabe von Burnet.) Aber Ideen werden erst lebendig, wenn sie, völlig zu Ende gedacht, in realen, den Zeitverhältnissen angepaßten Formen, die Probe auf ihre Verwirklichungsmöglichkeit zu machen in der Lage sind.

München, im Dezember 1911.
GEORG KERSCHENSTEINER

VORBEMERKUNG ZUR VIERTEN AUFLAGE

Die dritte Auflage, die mitten im Kriege nötig wurde, benutzte ich a) zur Herausarbeitung eines wissenschaftlichen Begriffes der Arbeitsschule, also eines Begriffes, der nicht mehr bloß beschreibt, sondern definiert, b) zur vollständigen Darstellung des Arbeitsschulbetriebes der vier aufsteigenden Versuchsklassen Münchens. Diese Darstellung erschien mir um so notwendiger, als eine allgemeine Theorie der Arbeitsschule durchaus noch nichts darüber zu enthalten braucht, ob auch eine Volksschule, und zwar vor allem deren unteren vier Klassen, im Geiste der definierten Arbeitsschule geführt werden kann.

Wäre Arbeitsschule schon eine Schule, die »Werkunterricht« oder »Handfertigkeit« als Prinzip in ihrem ganzen Betrieb eingeführt hat, ja wäre sie eine, die außerdem auch noch Handfertigkeit in besonderen Werkstätten als eigenes Unterrichtsfach berücksichtigt, dann wäre diese im Anhang gegebene Darstellung überflüssig. Aber die beiden Merkmale machen die Schule noch zu keiner Arbeitsschule. Sie können vollständig fehlen, und doch kann die Schule im echten Sinne des Wortes eine Arbeitsschule sein. Das alte humanistische Gymnasium ist – soweit es gut geführt wird – ein glänzendes Beispiel hiefür. Sie können beide vorhanden sein, und doch kann die Schule des Charakters einer echten Arbeitsschule entbehren.

Die vorliegende vierte Auflage, die so unerwartet rasch nötig wurde, enthält gegenüber der dritten keine wesentlichen Änderungen. Ich habe nur, wo es mir nötig erschien, einige Ergänzungen eingefügt, da und dort das Begriffliche noch schärfer umrissen und Ausdrucksweisen verbessert, die mir nicht genau genug erschienen.

München, Ostern 1920.

GEORG KERSCHENSTEINER

INHALT

I. DER STAATSZWECK UND DIE AUFGABEN DER ÖFFENTLICHEN SCHULE — 1

II. DIE BERUFSBILDUNG ALS ERSTE AUFGABE — 14

III. DIE ZWEITE UND DRITTE AUFGABE DER ÖFFENTLICHEN SCHULE — 23

IV. DIE METHODEN DER ARBEITSSCHULE — 33

V. DER FACHLICHE ARBEITSUNTERRICHT UND DER TECHNISCHE LEHRER — 44

VI. ZUSAMMENFASSUNG UND SCHLUSSBETRACHTUNG — 52

ANHANG: EIN ORGANISATIONSBEISPIEL FÜR STÄDTISCHE VOLKSSCHULKLASSEN — 63

   1. VORBEMERKUNGEN — 63

   2. DURCHFÜHRUNG DES LEHRPLANES IN DEN ZWEI UNTERKLASSEN — 74

   3. DURCHFÜHRUNG DES LEHRPLANES IN DEN ZWEI MITTELKLASSEN — 101

   4. SCHLUSSBETRACHTUNGEN — 114

I. DER STAATSZWECK UND DIE AUFGABEN DER ÖFFENTLICHEN SCHULE

Die öffentliche Schule ist mit dem Ende des 18. Jahrhunderts und im Laufe des 19. Jahrhunderts in Deutschland ein Instrument der Staatsverwaltung für bestimmte staatliche Zwecke geworden. Das mittelalterliche Deutschland kannte kein öffentliches Bildungswesen des Staates. Die Fürsorge um die geistige Entwicklung überließ der Staat anderen Gemeinschaften. Nun aber führte er den S c h u l z w a n g ein, wenigstens für die Volksschule, und gab damit für deren staatliche Zweckbestimmung einen gesetzmäßigen Ausdruck.

Solange wir nun für diese Zweckbestimmung der Schulen lediglich den Zweck und die Aufgaben des j e w e i l s g e g e b e n e n S t a a t e s ins Auge fassen, so lange wird sie der wissenschaftlichen Pädagogik keine befriedigende Lösung bieten. Theoretische wie praktische Vernunft können unter gewissen Umständen hier Einspruch erheben. Sobald wir aber den jeweils gegebenen Staat als ein Entwicklungsprodukt betrachten, als einen sich immer zweckmäßiger organisierenden Menschenverband, der durch die Tätigkeit seiner Mitglieder mehr und mehr der freien Gestaltung der sittlichen Persönlichkeit die Wege ebnen soll, der also selbst in der Richtung des von der Ethik gezeichneten Kultur- und Rechtsstaates wandert, ergibt sich mit der wissenschaftlichen Fundierung des Staatszweckes auch die wissenschaftliche Fundierung des Zweckes der Volks- wie höheren allgemeinen Schulen von selbst.

Ein Staatswesen, das in seinen Zielen und Einrichtungen den sittlichen Gedanken verkörpert, ist ein höchstes ä u ß e r e s , sittliches Gut. Denn es ist, wie schon Hobbes, Locke, Spinoza betont haben, die Voraussetzung dafür, daß der einzelne zum höchsten i n n e r e n , sittlichen Gut, zur rechten Gesinnung der sittlich freien Persönlichkeit gelangen kann. Ja der einzelne findet geradezu in dem Dienste der zeitlichen Verwirklichung dieses Staatsideals nicht bloß eine schöne und würdige Betätigung, sondern auch eine wertvolle Gelegenheit zu seiner eigenen sittlichen Vollendung. Dieser Auffassung steht nicht im Wege, daß heute vorhandene Staaten noch weit entfernt sein mögen von diesem Ideal, daß sie sogar ein Hindernis sein können für die Entwicklung der inneren sittlichen Freiheit, daß ein bestimmter Staat dem von seiner Macht betroffenen Individuum eher als ein höchstes Übel denn als ein höchstes Gut erscheinen kann. In seinem nachgelassenen Werke, »Weltgeschichtliche Betrachtungen«, hat sich sogar ein so ausgezeichneter Mann wie Jakob Burckhardt zu der Behauptung verstiegen: »Das absolut Böse ist der Staat.« Die Frage ist, ob er es sein muß, und die Antwort ist, daß wir immer wieder die Menschen neue, bessere Staatsformen auf den Trümmern der alten oder abseits von ihnen errichten sehen, in der Zuversicht, dem Staatsideal näherzukommen, das uns die reine Vernunft als Hort der sittlichen Freiheit und der inneren und äußeren Wohlfahrt des einzelnen vor die Augen rückt, und daß wir tatsächlich die Staatsorganisationen im Laufe der Geschichte mehr und mehr auf dem Wege zum Kultur- und Rechtsstaat wandern sehen.

Es liegt nun die Frage nahe, ob es nicht auch andere höchste äußere sittliche Güter gibt. Diese Frage will ich hier nicht eingehend erörtern. Soweit ich die Untersuchungen der wissenschaftlichen Ethik überblicken kann, scheint bei aller Unsicherheit vieler sonstiger Ergebnisse das eine festgelegt zu sein, daß das höchste und vollkommenste äußere sittliche Gut eine Organisation der Gesellschaft ist, die jedem einzelnen alles das zu gewähren vermag, was für ihn vermöge seiner einheitlichen Natur ein sittliches Gut ist. Angesichts der Anfechtungen, die meine Forderungen durch gewisse Vertreter der sogenannten wissenschaftlichen Pädagogik immer wieder erfahren, erscheint es mir zweckmäßig zu versuchen, die von mir schon wiederholt unternommene Beweisführung für diesen Satz im Anschluß an den Ideengang Christoph Sigwarts aus seinem im Jahre 1907 erschienenen Büchlein »Vorfragen der Ethik« (J. C. B. Mohr, Tübingen) in kurzen Zügen klarzulegen.

Das Leben des Menschen rollt sich ab in einer Verfolgung von Zwecken. Es gibt wohl auch noch beim Erwachsenen Stunden einer Betätigung, die frei ist von allen selbst gesetzten Zwecken; aber sie füllen nur Pausen in dem rastlosen Triebwerk unserer teleologisch gerichteten geistigen Natur. Jeder Zweck, den wir uns setzen, hat die Tendenz, nach seiner Verwirklichung zu drängen. Dabei ordnen sich alle Zwecke in unserem Bewußtsein nach ihrem Werte für uns. Je höher der Wert eines Zweckes in unserem Bewußtsein steht, mit desto größerer Energie trachten wir nach seiner Verwirklichung. Die größere Kraftentfaltung wird d e r Zweck in uns auslösen, den als höchsten Zweck anzuerkennen wir i n n e r l i c h   g e n ö t i g t sind. Die innere Nötigung aus bloßer V e r n u n f t ist freilich nicht immer stark genug, jeden Zwang zu überwinden, den unsere rein persönlichen N e i g u n g e n auf die Richtung unserer Tätigkeit ausüben.

Unter diesen Neigungen ist die stärkste, sich selbst zu leben, seinen eigenen Trieben nachzugehen, eine Neigung, die als vornehmste auftritt in dem Streben nach Ausbildung der inneren Persönlichkeit. Es gibt Menschen, welche darin so weit gehen, diesen Zweck, dieses für sie höchste Gut, so zu bestimmen, daß es von äußeren Bedingungen vollständig unabhängig wird. Sie nehmen dann in den Bereich dieses höchsten Gutes nur das auf, was von der Tätigkeit des einzelnen allein und direkt abhängt. Sie suchen den letzten Zweck in einer bleibenden Geistesverfassung, welcher der Wechsel der äußeren Bedingungen gleichgültig ist. Die stoische Moral verfolgt diese Richtung. Daß es einzelnen Menschen gelingt, diesen Weg einzuschlagen, beweist für die Richtigkeit ihrer Anschauung nichts. Denn es gelingt ihnen nur, weil alle anderen Menschen durch ihre Gesellschafts- oder Staatseinrichtungen ihnen jenen Schutz gewähren, den sie brauchen, und jene Mittel darbieten, die zu ihrer Vervollkommnung notwendig oder doch vorteilhaft sind. Würden alle Menschen ebenso handeln, so wäre dieses Streben alsbald ad absurdum geführt.

Der Mensch kann eben nicht für sich allein und aus sich allein leben. Sein geistiges wie sein wirtschaftliches Leben wird ein für allemal von allen Seiten, und zwar durch den Verkehr mit seinesgleichen günstig oder ungünstig, glücklich oder unglücklich beeinflußt. Sowie a l l e Menschen den höchsten Zweck ausschließlich in einem Gut suchen, das abgelöst ist von allen äußeren Bedingungen, von aller gemeinsamen Arbeit, von allem irgendwie gestalteten Verkehr, hört auch die Möglichkeit auf, daß sie diesen Zweck jemals erreichen können.

Auch rein psychologisch ist die Beschränkung auf sich selbst in dem Suchen nach dem a l l g e m e i n e n höchsten Zweck unmöglich. Denn jeder energisch gedachte Zweck, dessen Berechtigung aus der allgemeinen Natur des Menschen abgeleitet wird und der darum allgemeine Gültigkeit haben soll, enthält, ob wir wollen oder nicht, die Forderung, daß er auch allgemein berechtigt ist, daß er auch allgemein gewollt werden muß. Ein a l l g e m e i n e r dauernder Wille, daß jeder a u s s i c h a l l e i n u n d f ü r s i c h a l l e i n l e b e , ist undenkbar, weil die Erfahrung dessen Zweckmäßigkeit sehr rasch widerlegen würde. Der allgemeine Wille kann nur auf eine Ordnung des g e m e i n s a m e n L e b e n s gerichtet sein, auf ein Gut, das nur in einem Gesamtzustand einer in ihren Zwecken allseitig gerichteten Gemeinschaft von Menschen verwirklicht werden kann.

Wie diese Ordnung des Gesamtzustandes einer Gemeinschaft von Menschen beschaffen ist, das hängt ganz und gar von dem Kulturstande der Gemeinschaft ab. Unter der hypothetischen Voraussetzung v o l l k o m m e n e r Menschen kann man sich eine Ordnung denken, die ausschließlich auf das gesellschaftliche Gewissen gegründet ist. Dieses Gewissen wäre, Vollkommenheit des Menschen vorausgesetzt, das a b s o l u t e Gewissen, in dem alle denkbaren Werte und Zwecke in ein vollendetes unbestreitbares System der Über- und Unterordnung gebracht wären. In diesem System bestünde zugleich die Ordnung der Gemeinschaft. In Wirklichkeit wird sie stets eine geschriebene Rechtsordnung sein, hinter der die souveräne Strafgewalt der im Staate organisierten Gemeinschaft steht.

Wenn aber dieses gemeinschaftliche Gut ein höchster Zweck sein soll, dann müssen in dem höchsten Zwecke alle niedrigeren Zwecke notwendig enthalten sein. Diese niedrigeren Zwecke bestimmt unsere sinnlich-geistige Natur. Von dieser unserer Natur sind die Gebiete festgelegt, auf denen wir unsere Befriedigung suchen und finden können.

Diese Gebiete sind: die Sorge um das physische Wohlsein,

die dazu notwendige Beherrschung und Benützung der Naturkräfte, die Vereinigung der Geschlechter, die leibliche und geistige Fürsorge um die Nachkommenschaft, die Befriedigung der geselligen Triebe, die Betätigung des Wissensdranges, die Betätigung unserer ästhetischen und künstlerischen Natur, das Bedürfnis nach religiöser Erhebung, die freie Gestaltung des sittlichen Wollens usw. Alle diese Triebe und Bedürfnisse liegen in der menschlichen Natur. Aus ihnen entspringt eine Reihe von allgemein berechtigten Zwecken und Zwecksystemen, wie sie in Wirtschaft, Handel, Jugenderziehung, Familienleben, Wissenschaft, Kunst, Religionsgemeinschaft verfolgt werden. Alle diese Zwecke müssen im höchsten Zweck, in dem höchsten Gut enthalten sein. Die Rechtsordnung der Gemeinschaft muß die Möglichkeit der Erfüllung dieser Zwecksysteme in sich schließen.

Zugleich folgt aus der Forderung, daß das höchste Gut ein allgemein anerkannter Zweck sein muß, von selbst, daß in der Arbeit für den allgemeinen Zweck jeder auch seine Befriedigung finden muß und jeder den allgemeinen Grundsätzen Folge leisten muß, von denen er erwartet, daß durch sie der allgemeine Zweck erreicht wird. Die Organisation des gesellschaftlichen Zustandes, der so als höchster Zweck aufgestellt wird, muß natürlich auch die Mittel zur Befriedigung der individuell verschiedenen Bedürfnisse enthalten, sie muß jedem die Möglichkeit bieten, in der Weise seine Befriedigung zu finden, die seiner Natur, wenigstens seiner ethisch entwickelten Natur, angemessen ist. Jeder individualisierte Zweck ist soweit berechtigt, soweit er als Teil des allgemeinen Zweckes gewollt werden kann. Denn die Befriedigung, welche für alle in gleicher Weise erreichbar ist, liegt schließlich in der Gewißheit für einen über das individuelle Bewußtsein und seine Schranken hinausliegenden Zweck – für einen Menschheits- und Weltzweck – selbst zu wirken, um den eigenen Wert als T r ä g e r einer höheren Idee, als Vollstrecker eines göttlichen Willens zu empfinden. In diesem Punkt begegnen sich Ethik und Metaphysik.

So kommen wir von selbst auf eine durch autonome Rechtsgemeinschaft organisierte Gemeinschaft, die eben im Rechts- und Kulturstaat verkörpert ist. Sobald die Rechtsorganisation den eben erörterten Bedingungen genügt, ist er das höchste äußere sittliche Gut, und die übrigen Gemeinwesen, wie Familie, Berufsgemeinschaft, Religionsgemeinschaft usw., müssen notwendig mit ihren Rechtsordnungen in ihm enthalten sein, soweit sie sittliche Gemeinwesen sind. Denn sonst wären ja wertvolle Zwecke des einzelnen, zu deren Erreichung er sich immer erst in Unterverbänden vergesellschaftet, nicht im Gesamtzweck enthalten.

Gewiß haben wir es hier mit einem idealen Staatsgebilde zu tun, aber mit keinem utopischen, sondern mit einem aus unserer psychischen Natur abgeleiteten wissenschaftlichen Ideale, dessen Erreichung allerdings infolge der Mängel der menschlichen Natur unmöglich ist, dem wir uns aber nähern können, sofern es uns gelingt, eine staatsbürgerliche Erziehung zu organisieren, die nach einem solchen Ziele gerichtet ist. In dieser Unternehmung mag uns das Bewußtsein stärken, daß tatsächlich im Laufe der menschlichen Kultur die Staatsorganisation sich in der Richtung einer immer besseren Rechts- und Kulturgesellschaft entwickelt hat, wenn auch nicht geradlinig, sondern unter mancherlei Rückschlägen, denen ein reines Machtgebilde wie der Staat immer notwendig ausgesetzt sein wird.

Der Widerspruch, der sich gegen meine Forderungen vom Endzweck der Erziehung immer wieder erhebt, rührt also von einem Mißverständnis her, das trotz meiner wiederholten eingehenden Darlegungen des Staatsbegriffs und des Begriffes der staatsbürgerlichen Erziehung nie die E r z i e h u n g z u r V e r w i r k l i c h u n g d e r e t h i s c h e n I d e e d e s h ö c h s t e n ä u ß e r e n G u t e s i m w o h l v e r s t a n d e n e n D i e n s t e d e s g e g e b e n e n S t a a t e s v e r s t e h t, sondern immer nur die Erziehung zum blinden Dienst eines dauernd festgelegten Staatsorganismus. Sobald die ehrliche Absicht vorhanden ist, diesen Grundunterschied zu begreifen, wird auch das Mißverständnis verschwinden.

Auch ein anderes Mißverständnis löst sich alsdann, das diejenigen beherrscht, welche das Ziel aller Erziehung nicht etwa wie Herbart auf die Charakterstärke der Sittlichkeit beschränken, sondern in der Bildung der autonomen Persönlichkeit sehen, oder, wie Schulrat Gaudig sich ausdrückt, in der S e l b s t b e -

stimmung, in der Bestimmung zur »Idealität des eigenen Ichs«. Wer als Erziehungszweck Selbstbestimmung aufstellt, muß das Ziel dieser Selbstbestimmung eindeutig festlegen. Zu allen Zeiten gab es Pädagogen, denen Selbstbestimmung oder autonome Charakterbildung der Endzweck der Erziehung war. In dem Maße, als der Zögling sich entwickelt, hat die heteronome Erziehung zurückzutreten. Die beste Erziehung ist die, die den Erzieher selbst immer überflüssiger macht. Mit dem reinen Formalismus der Selbstbestimmung aber ist ein greifbares Ziel noch nicht gegeben.

Gaudig sucht das greifbare Ziel in der »Idealität des eigenen Ichs«. Auch damit ist ein Inhalt noch nicht gegeben. Dessen ist sich Gaudig auch bewußt. In der Zeitschrift für »Pädagogische Psychologie« sucht er diesen Inhalt zu bestimmen (Jahrgang 1912, Heft 1 u. 10). Was er aber dort schildert, ist einfach der »vollkommene Mensch«, nicht die »spezifische« und immer »unvollkommen bleibende« Persönlichkeit. Sobald man jedoch die Erziehung zur Persönlichkeit, die als »Idealität des Ichs« ganz richtig bezeichnet ist, als Ziel aufstellt, muß man sich klar sein, daß dieses »ideale Ich« als vollkommener Mensch gefaßt kein a l l g e m e i n e s Ziel sein kann. Es gibt so viele ideale Ich, als es Menschen gibt. Die Idealisierung erfolgt durch das Lebendigwerden objektiver Werte im jeweiligen Individuum. Welche Werte in ihm lebendig werden können, das hängt von seiner Veranlagung ab.

Aber indem sie im Individuum lebendig werden, indem das Individuum durch sie zu seiner ihm erreichbaren Idealität, d. i. Vollendung, kommt, wird diese spezifische Persönlichkeit selbst ein allgemeiner objektiver Wert.

Die sich so ergebenden Werte sind jedoch sehr verschieden und bilden eine aufsteigende Reihe bis zu jenem obersten Wert der Persönlichkeit, die in der Hingabe an den allgemeinen Zweck im höchsten Gute des sittlichen Gemeinwesens ihre eigene Vollendung und damit ihre Lebensaufgabe sucht und findet. Auch ihre Zwecke sind im a l l g e m e i n e n Zweck, den wir oben als höchsten Zweck erkannt haben, enthalten, und gerade die Möglichkeit der Selbstbestimmung zur sogenannten »Idealität des eigenen Ichs«, soweit diese Idealität des einzelnen neben der aller anderen bestehen kann, ist eines der wesentlichen Merkmale des höchsten Gutes. Aus dieser Überlegung wird zugleich klar, daß es keinen Sinn hat, die Pädagogik in Individual- und Sozialpädagogik zu scheiden. Die wohlverstandenen Zwecke des einzelnen sind in dem allgemeinen Zweck der Gemeinschaft, sofern diese Gemeinschaft als das höchste Gut bezeichnet werden kann, enthalten. Es gibt kein sittliches Gemeinwesen, ohne daß die Mehrzahl seiner Bürger sittliche Individuen sind. Es entwickelt sich aber auch keine größere Zahl von sittlichen Individuen, wenn nicht die Verfassung des Gemeinwesens und damit ihr allgemeiner Zweck auf einer sittlichen Grundlage stehen.

Ich gehe demnach von der Voraussetzung aus, daß das sittliche Gemeinwesen das höchste äußere sittliche Gut des Menschen ist; außerdem mache ich die zweite Voraussetzung, daß der g e - g e b e n e Staat um so eher in der Richtung zum idealen sittlichen Gemeinwesen sich bewegt, je mehr durch die öffentliche Erziehung die Erkenntnis sich verbreitet, daß das höchste innere sittliche Gut und das höchste äußere in wechselseitiger Bedingtheit stehen, und je mehr infolge dieser Erkenntnis alle Erziehungsmaßnahmen vom Gesichtspunkt des ethischen Staatsbegriffes aus getroffen werden. Unter diesen beiden Voraussetzungen darf der gegebene Staat auch Zweck und Aufgabe der öffentlichen Schulen aus seinem Zweck und seinen Aufgaben heraus bestimmen.

Der Zweck aber des gegebenen Staates ist ein zweifacher: zunächst ein egoistischer, nämlich die Fürsorge um den inneren und äußeren Schutz und um die leibliche und geistige Wohlfahrt seiner Staatsangehörigen; dann aber ein altruistischer, die allmähliche Herbeiführung des Reiches der Humanität in der menschlichen Gesellschaft durch seine eigene Entwicklung zu einem sittlichen Gemeinwesen und die Betätigung seiner Kräfte in der Gemeinschaft der Kultur- und Rechtsstaaten. Von dem Bewußtsein, daß die Kulturstaaten (in ihrem eigensten Interesse) auch dieser zweiten Aufgabe dienen sollen, sind die Sieger im Weltkriege trotz aller gegenteiligen Beteuerungen und Versicherungen nicht erfüllt gewesen. Ihre »Friedensbestimmungen« haben der allmählichen Herbeiführung des Reiches der Humanität in der menschlichen Gesellschaft die größten Hindernisse bereitet. Möge die kommende Weltgeschichte nicht den furchtbaren Beweis liefern, daß kein großer Staat ungestraft dieser zweiten Forderung entgegen handelt! Anders steht natürlich die Frage, ob j e d e r , auch der schwache und machtlose Staat, im Interesse der Humanität allezeit für unterdrückte Staaten eintreten muß. Hierüber habe ich mich in meiner Schrift »Staatsbürgerliche Erziehung der deutschen Jugend« näher geäußert. Jedenfalls mahnen historisch gewordene Beispiele zur Vorsicht. Aber etwas anderes ist es, die Normen und Gesetze der Humanität absichtlich zu verletzen und etwas anderes zu ihrer Verletzung mit Rücksicht auf die Existenz des eigenen Staatsvolkes zu schweigen. Hier ist einer der Punkte, in welchen die Individualitätsmoral nicht schlechtweg auf die Staatsmoral übertragen werden kann.

Wenn ich nun sage: Zweck der öffentlichen Volksschule (wozu natürlich auch die Fortbildungsschule gehört) ist, die nachwachsende Generation so erziehen zu helfen, daß sie dieser doppelten Aufgabe, sei es durch Gewöhnung allein, sei es durch Gewöhnung und Einsicht nach Maßgabe der vorhandenen Begabung dient, so ist damit nichts weniger als ein utilitarisches Ziel aufgestellt, wie die Thüringer Herbartfreunde behaupten, sondern in letzter Linie ein im höchsten Maße ethisches.

Indem ich dann den Menschen, der dem gegebenen Staat nur im steten Hinblick auf diese doppelte Aufgabe dient, einen brauchbaren Staatsburger nenne, bezeichne ich in aller Kürze als Zweck der öffentlichen Schule des Staates und damit als Zweck der Erziehung überhaupt, brauchbare Staatsbürger zu erziehen. Aus diesem Zweck ergeben sich die Aufgaben der Schule, aus den Aufgaben folgen gewisse sachliche Richtlinien oder Normen für die Organisation der Schule überhaupt und demgemäß auch die Organisation der Schule, die wir mit dem Begriff »Arbeitsschule« bezeichnen. Weitere Normen aber und die Methoden, die einzelnen Aufgaben ganz oder teilweise durch eine Schule zu lösen, hängen von den äußeren und inneren Verhältnissen ab, unter welchen die leibliche und geistige Entwicklung des Zöglings vor sich geht. Aus der Gesamtheit dieser Zwecke, Aufgaben, Wege und Methoden folgt jener Begriff der Schule des modernen Staates, den ich mit dem Wort »Arbeitsschule« bezeichne. In der Verfolgung der Aufgaben und Organisationen, die aus dem von mir geforderten h ö c h s t e n Zweck der Volksschule sich ergeben, wird sich zugleich zeigen, daß aus diesem höchsten Zweck auch alle übrigen berechtigten Absichten und Zwecke der Erziehung abgeleitet werden können, daß er also zugleich auch der g a n z e Zweck der öffentlichen Erziehung ist.

Vor allem ist klar, daß niemand ein in unserem Sinne brauchbarer Bürger eines Staates sein kann, der nicht eine Funktion in diesem Organismus erfüllt, der also nicht irgendeine Arbeit leistet, die direkt oder indirekt den Zwecken des Staatsverbandes zugute kommt. Wer die Segnungen der Staatsordnung im Besitze geistiger und körperlicher Gesundheit genießt, ohne an irgendeiner Stelle dieses allerdings sehr komplizierten Zweckverbandes zur Leistung der gemeinsamen Arbeit an einem noch so kleinen Stücke nach Maßgabe seiner Kräfte teilzunehmen, ist nicht nur kein brauchbarer Staatsbürger, sondern handelt von vornherein unsittlich. Wer ererbten Reichtum bloß dazu verwendet, sein eigenes Leben für sich zu genießen, kann den Titel eines brauchbaren Staatsbürgers nicht beanspruchen, weil er außer dem für alle verbindlichen Steuerbetrag der gemeinsamen Arbeit, die ihm die Behaglichkeit seines Daseins erlaubt, keine Gegenleistung entgegenbringt. Dagegen kann selbst die Arbeit eines Straßenkehrers sittlichen Wert annehmen, wenn sie vollzogen wird im Bewußtsein der Notwendigkeit dieser Arbeit für die Gesamtheit.

Die e r s t e Forderung für den einzelnen im Staate ist also, daß er befähigt und gewillt ist, irgendeine Funktion im Staate auszuüben oder, wie wir es nennen können, in irgendeinem Berufe tätig zu sein und so direkt oder indirekt den Staatszweck zu fördern. Daraus folgt die primitivste Aufgabe der öffentlichen Schule. Die öffentliche Schule hat zunächst die Aufgabe, dem einzelnen Zögling zu helfen, eine Arbeit im Gesamtorganismus oder, wie wir sagen, einen Beruf zu ergreifen und ihn so gut als möglich zu erfüllen. Das ist noch keine sittliche Aufgabe, aber es ist die Grundbedingung, damit die öffentliche Schule überhaupt sittliche Aufgaben ins Auge fassen kann.

Die z w e i t e Aufgabe, die an die Schule herantritt, ist nun, den einzelnen zu gewöhnen, diesen Beruf als ein Amt zu betrachten, das nicht bloß im Interesse der eigenen Lebenshaltung und der sittlichen Selbstbehauptung auszuüben ist, sondern auch im Interesse des geordneten Staatsverbandes, der dem einzelnen die Möglichkeit gibt, unter dem Segen der Rechtsordnung und Kulturgemeinschaft seiner Arbeit und damit seinem Lebensunterhalt nachzugehen. Je nach der Art des Berufes wird es leicht, schwierig oder unmöglich sein, aus ihm zugleich einen d i r e k t e n Dienst im Interesse der Gesamtheit zu machen. Es gibt eine Reihe von Berufen, in denen diese Auffassung dem Beruf zugleich die höchste Weihe gibt. Es gibt eine Menge anderer Berufe, die nicht mit einer d i r e k t e n Arbeit für das Gemeinwohl verbunden werden können. Immer aber wird es möglich sein, frühzeitig das Bewußtsein in der heranwachsenden Generation zu entwickeln, daß jede Berufsarbeit vom Ausübenden als eine im Dienste der Gesamtheit notwendige aufgefaßt werden kann und daß die Übernahme jeder entlohnten Arbeit, wie einförmig und bescheiden sie auch sein mag, eine Verpflichtung zur besten Leistung nach sich zieht.

Die d r i t t e und höchste Erziehungsaufgabe der öffentlichen Schule, die natürlich entsprechende moralische und intellektuelle Begabung des Zöglings voraussetzt, ist sodann, im Zögling Neigung und Kraft zu entwickeln, neben und durch die Berufsarbeit und nicht zuletzt durch die Arbeit am eigenen Ich, an der Vervollkommnung s e i n e s spezifischen Persönlichkeitswertes seinen Teil beizutragen, daß die Entwicklung des gegebenen Staates, dem er angehört, in der Richtung zum Ideal eines sittlichen Gemeinwesen vor sich gehe. Erst in diesem Zusammenhang kann der subjektive Persönlichkeitswert zum objektiven Werte werden und damit Anspruch auf einen Erziehungswert machen. Denn das Ideal des sittlichen Gemeinwesens ist erst gegeben im harmonischen Bunde sittlich freier Persönlichkeiten, die sich in ihren mannigfaltigen Verschiedenheiten gegenseitig ergänzen und tragen.

Damit sind drei klare und bestimmt gezeichnete Aufgaben jeder öffentlichen Schule und damit auch der Volksschule zugewiesen, und sie umfassen zugleich den g a n z e n Zweck der Erziehung. Ich bezeichne sie kurz als

1. die Aufgabe der Berufsbildung oder doch deren Vorbereitung,

2. die Aufgabe der Versittlichung der Berufsbildung,

3. die Aufgabe der Versittlichung des Gemeinwesens, innerhalb dessen der Beruf auszuüben ist.

Da die Versittlichung des Gemeinwesens gar nicht denkbar ist ohne die Versittlichung derjenigen, die das Gemeinwesen bilden, so ist in diesen drei Aufgaben von selbst die sittliche Erziehung des einzelnen mit eingeschlossen.

Dabei fasse ich den Begriff der Versittlichung in dem formalen a l l g e m e i n s t e n   S i n n e, der sich mit dem Begriffe Sittlichkeit verbinden läßt, a l s   d e r   w i d e r s p r u c h s f r e i e n   E i n h e i t des durch die allgemeinen Kulturgüter der Gemeinschaft entwickelten Seelenlebens eines Individuums.

Die drei Aufgaben sind zugleich untrennbar miteinander verbunden. Man kann keine ohne die beiden andern lösen. Man kann der Schule nicht die Aufgabe der Mitarbeit an der Versittlichung des Gemeinwesens zuweisen, ohne daß man den Schüler zu einer sittlichen Berufsauffassung erzieht, und man kann dem Schüler keine sittliche Auffassung vom Berufe geben, ohne ihn selbst so gründlich als möglich für diesen Beruf vorzubereiten.

Aber die Schule kann auch umgekehrt niemanden in der rechten Weise auf seinen Beruf vorbereiten, ohne daß sie sich selbst als ein Mittel des allgemeinen Zweckes fühlt, nämlich den gegebenen Staat seinem idealen Zustand als Rechts- und Kulturstaat zuzuführen. Sobald sich die Schule als Mittel eines anderen Zweckes fühlt, sobald sie etwa rein wissenschaftliche, rein künstlerische, rein religiöse, rein wirtschaftliche, kaufmännische, technische Zwecke ins Auge faßt, also e i n z e l n e Zwecke, die nicht jedem ihrer Schüler höchster Zweck sein können, leidet darunter immer auch die Berufsbildung selbst. Die Schule wird bestenfalls eine technische Schule, eine Schule, welche die Technik um der Technik willen treibt, eine Schule für wissenschaftliches, künstlerisches, wirtschaftliches, religiöses Virtuosentum, und zwar für ein immer mehr und immer mannigfaltiger sich spezialisierendes Virtuosentum. Unsere Universitäten entwickeln sich zusehends in dieser für die Gesamtkultur so unheimlichen Richtung, die schließlich dahin ausmündet, in der Mehrzahl ihrer Schüler beschränkte Spezialisten zu erziehen, die selbst von ihrem Beruf nur mehr eine Seite, ja nur mehr ein Stück einer Seite kennen und beherrschen lernen, an Stelle ihres ganzen Berufes. Es vollzieht sich in solchen Schulen der gleiche Prozeß, wie er sich bereits in der Industrie zum ungeheuren Schaden unserer Gesamtkultur vollzogen hat, der Prozeß der ins Endlose gehenden Arbeitsteilung.

Ist dieser Prozeß der atomisierenden Arbeitsteilung der Kulturentwicklung immanent, dann haben wir es mit einer neuen Seite der »Tragödie der Kultur« zu tun, von der Georg Simmel in seinem Essay zwei andere Seiten so eindrucksvoll geschildert hat. Nun haben sich gewiß mit fortschreitender Kultur der vernünftigen Menschheit die Berufe spezialisiert, genau ebenso wie mit fortschreitender Entwicklung der unvernünftigen andern Organismen die Zellen in ihren Funktionen sich spezialisiert haben. Aber jede einzelne Zelle ist in bezug auf den Gesamtzellenstaat, dem sie angehört, mag dieser auch noch so hoch entwickelt sein, nach meiner Kenntnis immer noch unvergleichlich reicher mit Berufsfunktionen bedacht als unzählige der geistigen und manuellen Arbeiter im Menschenstaat. Sollte die Vernunft des Menschen in Rücksicht auf die Entwicklung des menschlichen Vernunftstaates ohnmächtiger sein als die Instinkte der Zellen in Rücksicht auf die Entwicklung des organischen Zellenstaates?

II. DIE BERUFSBILDUNG ALS ERSTE AUFGABE

Die erste und vordringlichste Aufgabe der öffentlichen Schule (Volks-, Fortbildungs- und höheren Schule) ist also die B e - r u f s b i l d u n g , oder doch die Vorbereitung auf den Beruf. Das scheint zunächst mit der gegenwärtigen Auffassung der allgemeinen Schulen in vollständigem Widerspruch zu stehen. Allein kein Geringerer als Pestalozzi selbst war durch und durch von dieser Anschauung erfüllt, obwohl ihm als letztes Ziel gleich mir die allgemeine Menschenbildung vor Augen schwebte. Nie wird Pestalozzi müde, diese erste und vorwiegende Aufgabe zu betonen. Dem »Bücherleben« der Schule stellt er das »Berufsleben« gerne gegenüber. »Wenn ein Bauernknabe mit dem Vater täglich ins Feld geht, an seinem gewohnheitlichen Tun, soweit er kann, teilnimmt, so genießt er geradezu die Bildung, die er nötig hat.« (Seyffarthausgabe IX, 236.) »Man kommt immer früh genug zum V i e l wissen, wenn man lernt r e c h t wissen, und recht wissen lernt man nie, wenn man nicht i n d e r Nähe, bei den Seinigen und bei dem Tun anfängt.« (Seyffarthausgabe IV, 90.) »Reiner Wahrheitssinn bildet sich in engen Kreisen, und reine Menschenweisheit ruht auf dem festen Grund der Kenntnis seiner nähesten Verhältnisse und der ausgebildeten Behandlungsfähigkeit seiner nähesten Angelegenheiten.« (Seyffarthausgabe III, 314.) Ja, er löst sich als Kind seiner Zeit nicht einmal von dem Gedanken los, daß der Beruf seines Zöglings in dem S t a n d e aufgehe, in dem er geboren ist. Große Teile seines Schwanengesanges, in welchem er die Erfahrungen und pädagogischen Anschauungen seines Lebens zusammenfaßt, sind von dieser Auffassung der ersten Aufgabe der Volksschule erfüllt. Bei den sehr viel einfacheren Verhältnissen seiner Zeit lag auch kein Gedanke näher als der, die innere Organisation der Volksschule den Zwecken des Standes anzupassen, aus dem die Zöglinge genommen waren und in den sie naturgemäß wieder hineinwuchsen.

Diese Verhältnisse haben sich in den verflossenen hundert Jahren geändert. Nicht nur, daß die Stände als f i x i e r t e Schichten der Staatsorganisation verschwunden sind, auch die Arbeitsverhältnisse, wie sie namentlich die Industrie gebracht hat, lassen eine rein berufliche Gestaltung der elementaren Volksschule, welche die Zwecke der Menschenbildung im Auge haben muß, im allgemeinen als unmöglich erscheinen. Nichtsdestoweniger bleibt auch heute der elementaren Volksschule die Aufgabe der Vorbereitung auf den zukünftigen Beruf des Zöglings zugewiesen. Die ungeheure Mehrzahl aller Menschen im Staate steht im Dienste der rein manuellen Berufe, und dies wird für alle Zeiten Geltung haben. Denn jedes menschliche Gemeinwesen hat ungleich mehr körperliche als geistige Arbeiter nötig. Auch die Begabung der Massen liegt zunächst durchaus nicht auf den Arbeitsgebieten rein geistiger Tätigkeit, sondern der manuellen Arbeit, aus der sich ja im Laufe der Kultur die geistige Arbeit überhaupt erst entwickelt hat. Das Handwerk ist nicht nur die Grundlage aller echten Kunst, sondern auch die Grundlage aller echten Wissenschaft. Eine öffentliche Schule, die auf g e i s t i g e wie m a n u e l l e Berufe vorzubereiten hat, ist daher schlecht organisiert, wenn sie keine Einrichtung hat, die manuellen Fähigkeiten des Zöglings zu entwickeln. Sie ist um so schlechter organisiert, als ja auch in der ganzen Entwicklung des Kindes die körperliche und manuelle der geistigen vorangeht, als insbesondere in der Zeit vom 3. bis 14. Lebensjahre die Instinkte und Triebe für manuelle Betätigung durchaus vorherrschen. Für Schulen, die n u r für rein geistige Berufe vorbereiten sollen, wie dies bei einer alten Gruppe der höheren Schulen der Fall ist, für Menschen, die, nachdem ihre Instinkte für manuelle Tätigkeit im wesentlichen erloschen sind, wenn sie ihre Schuldigkeit für die Entwicklung des normalen Gebrauchs der Glieder und der Sinnesorgane getan haben, fast ausschließlich unter der Macht der intellektuellen Triebe stehen, für solche erachte ich Erziehungseinrichtungen zur manuellen Betätigung (von rein körperlichen Übungen im Interesse einer gesunden Lebensführung abgesehen) in keiner Weise notwendig. Da es Menschen dieser Art gibt und auch Berufe, denen sie sich von selbst zubewegen, so kann ich mir daher auch wohlorganisierte »Arbeitsschulen« denken, die keinerlei m a n u e l l e Betätigung in irgendwelchen besonderen Werkstätten oder auch nur abseits von besonderen Werkstätten mit irgendwelchem Unterrichtsbetrieb verbunden kennen.

Für alle anderen Zöglinge aber sind Schulen, die solcher Einrichtungen entbehren, schlecht organisierte Schulen. Insbesonre muß jede Volksschule aus den angestellten Erwägungen heraus irgendwelche praktische Arbeitsplätze, Werkstätten, Gärten, Schulküchen, Nähstuben, Laboratorien haben, um auf ihnen systematisch die Instinkte für manuelle Tätigkeit zu entwickeln, den Zögling zu gewöhnen, immer sorgfältiger, ehrlicher, gewissenhafter, durchdachter die manuellen Arbeitsprozesse auszuführen. Nur so wird eine der Hauptgrundlagen seiner späteren und durch die Fortbildungsschule direkt aufzugreifenden Berufsbildung geschaffen, nämlich die frühzeitige Gewöhnung an wohlüberlegte, mustergültige, solide, ehrliche manuelle Arbeit. Mit anderen Worten, um mich eines der bekannten Schlagwörter zu bedienen: In der wohlorganisierten öffentlichen Volksschule muß der Arbeitsunterricht auch als ein in sich geschlossenes U n t e r r i c h t s f a c h auftreten. Dieser Arbeitsunterricht als Fach ist nicht eine »Entweihung« der Volksschule, sondern ihr größter Segen. In Bayern ist seit mehr als 100 Jahren in einer großen Zahl von Mädchenklassen der Arbeitsunterricht als Fach eingeführt, in München seit fast 50 Jahren in nicht weniger als durchschnittlich drei Stunden in der Woche, und keinem Menschen ist es bis heute nur im Traum eingefallen, diesen Unterricht, der ruhig für sich seine eigenen geschlossenen Bahnen läuft, als eine Entweihung der Mädchenschule zu betrachten und aus dem Lehrplan der Mädchenvolksschule zu streichen. Nun wird man vielleicht einwenden: Stricken, Nähen, Leibwäsche herstellen und sie ausbessern ist der Beruf fast aller Mädchen. Aber nicht alle Knaben ergreifen den gleichen manuellen Beruf. Das ist richtig. Aber daraus zu schließen, daß man deswegen überhaupt keinen systematischen Arbeitsunterricht in den inneren Organismus der Schule eingliedern darf, ein solcher Schluß steht ungefähr auf der gleichen Höhe wie der, daß, weil nicht alle Menschen die gleiche Nahrung vertragen, man ihnen am besten gar keine Nahrung gibt.

Noch vor hundert Jahren, da der Geist Pestalozzis in den deutschen Schulverwaltungen lebendig war, war es selbstverständlich, nicht bloß für alle Mädchen, sondern auch für alle Knaben Arbeitsschulen und Arbeitsunterricht zu fordern. Und wenn auch die Verfügungen in den napoleonischen Wirren und in der nachher das Haupt erhebenden Reaktionszeit nicht ausgeführt wurden, so zeigen sie doch zunächst eine in dieser Hinsicht die Gegenwart überragende Einsicht und redlichsten Willen. Der Allerhöchste Erlaß des Kurpfalzbayrischen Generalschulendirektoriums von 1803 an die Lokalschulkommissionen Bayerns ist ein schönes Beispiel hierfür. »Gewisse technische Fertigkeiten sind jedem Menschen mehr oder minder notwendig. Darum ist es notwendig, daß überall A r b e i t s s c h u l e n f ü r K n a b e n u n d M ä d c h e n angelegt und mit Lehrschulen in Verbindung gebracht werden. Von diesen Schulen sollen auch jene nicht freigesprochen werden, von denen es vorauszusehen ist, daß sie einstens nicht notwendig haben zu arbeiten, um sich zu ernähren; denn abgesehen vom Wechsel des Glücks, wodurch viele geerbten Reichtum verlieren, so ist es immer gut, daß jeder lerne, den Vorzug zu schätzen, sich selbst den notwendigen Unterhalt erwerben zu können und jenen gehörig zu achten, der durch Arbeitsamkeit und Kunstfleiß sich einen Wohlstand zu verschaffen versteht.« Dabei waren in jenen Zeiten noch Familienwohnsitz und Arbeitsstätte des Vaters enge verbunden, und die Jugend wuchs nicht auf, wie heute fast ausnahmslos in unseren großen Städten, ohne die häusliche Schule der Arbeit, ja ohne auch nur den kümmerlichsten Einblick in die manuelle Arbeit des Vaters zu gewinnen und vom Zauber ihres Segens erfaßt zu werden.

Wesentlich tiefer noch gräbt um die gleiche Zeit der Leiter des Frankfurter »Philanthropins« J a k o b M o l i t o r, ganz in Pestalozzischen Gedankengängen sich bewegend. Man glaubt in J o h n D e w e y ' s »School and Society« von 1901 zu lesen, wenn man in seiner Abhandlung »Über die bürgerliche Erziehung« die Sätze findet: »Es ist der größte Fehler unserer heutigen Erziehung, daß sie die Kinder mit allem bekannt macht, was in der Ferne liegt, und in demjenigen ganz unwissend läßt, was sich in ihrer Nähe befindet. D e s h a l b i s t z w i s c h e n d e m L e b e n u n d u n s e r e r S c h u l e j e t z t s o e i n e u n g e h e u r e K l u f t. D i e S c h u l e i s t e i n e e i g e n e f r e m d e W e l t, i n d e r d a s K i n d g a n z a n d e r e D i n g e h ö r t, a l s e s i m L e b e n s i e h t …. Die lebendige Kraft der alten Erziehung beruhte darauf, daß sie mit den Umgebungen anfing…. Unter dem Gewühle von reger Tätigkeit, mitten unter den Geräten und Werkzeugen der Arbeit … wächst das

Kind des Landmannes und des Handwerkers empor. Es siehet und höret von Jugend auf, und was es siehet und höret, wirkt lebendig und kräftig auf seinen Sinn. Der Acker, die Werkstätte, wird ihm der Mittelpunkt seiner Welt und seines Daseins, der Punkt, um den sich alle Gedanken drehen, an den sich alle Begriffe anknüpfen, von dem sie ausgehen und wohin sie alle zuletzt wieder zurückkehren.... Sie (die Schule) sollte, so wie es in dem Gange des Lebens immer geschieht, überall mit der Praxis beginnen und aus ihr die Theorie entwickeln.... Man darf nie aus dem Auge verlieren: die Kinder von Jugend auf mit ihrem künftigen Stande und dessen Verhältnissen und Beschäftigungen bekannt zu machen, und solchergestalt deren Gegenstand jederzeit zum lebendigen Mittelpunkt aller Betrachtungen zu machen.« Muthesius, der in einem Artikel »Fortbildungsschule und Volksschule« in den Pädagog. Blättern neuerdings auf Molitor hingewiesen hat, glaubt sicher, daß Molitors Schrift Goethe bei der Abfassung der pädagogischen Provinz in Wilhelm Meisters Wanderjahren fruchtbare Anregungen gegeben hat, nachdem Bettina Brentano ihn mit Molitors Schriften bekannt gemacht habe. Das ist um so wahrscheinlicher, als Goethes Anschauungen über Erziehung zu allen Zeiten in der gleichen Richtung sich bewegt hatten, wie ich an anderer Stelle zeigen konnte.

Der Zweck der vorbereitenden Erziehung für den manuellen Beruf liegt indes nicht in der Einführung in die Arbeitsprozesse, Werkzeuge, Maschinen und Materialien eines bestimmten Berufes, ebensowenig wie der Zweck der vorbereitenden Erziehung für einen geistigen Beruf in der Übermittlung von Kenntnissen für den zukünftigen Beruf besteht. Hier wie dort liegt der Zweck der vorbereitenden Erziehung in der Gestaltung der Organe, die für die Ausbildung des Berufes notwendig sind, in der Gewöhnung an ehrliche Arbeitsmethoden, an immer größere Sorgfalt, Gründlichkeit und Umsicht, und in der Erweckung der rechten Arbeitsfreude. Wer in irgendeiner systematischen Beschäftigung (mit Holzarbeit z. B.) diese Qualitäten erworben hat, der besitzt sie und wendet sie bei jeder manuellen Arbeit an, die der spätere Beruf bringt, genau ebenso wie derjenige, der im

Latein oder in der Mathematik seine logische Denkfähigkeit, seine Gewissenhaftigkeit und Wahrheitsliebe entwickelt hat, sie besitzt und anwendet, wenn er auch später nicht Philologie, Mathematiker oder Naturwissenschaftler wird, sondern Jurist, Historiker oder Philosoph. Ja die Übertragung dieser in einer m a - n u e l l e n Arbeitserziehung erwachsenen Qualitäten auf manuelle Arbeiten anderer Gebiete ist sehr viel gesicherter als die Übertragung erworbener Qualitäten auf g e i s t i g e n Arbeitsgebieten, wo nicht selten Vorurteile, Parteimeinungen, religiöse Bindungen usw. verhindern, die auf einem Gebiete sich auswirkende Kraft der Wahrheitsliebe und des logischen Denkens in gleicher Rücksichtslosigkeit auf anderen Gebieten schaffen zu lassen.

Aus der ersten Aufgabe der öffentlichen Schule, der Aufgabe der Vorbereitung für die Berufsbildung, ergibt sich also mit Notwendigkeit für die Organisation der Volksschule die Forderung des fachlichen, systematisch sich entwickelnden Arbeitsunterrichts, und diese Notwendigkeit wird verstärkt durch den Umstand, daß auch die geistige Entwicklung der Massen mangels frühzeitiger hervorragender intellektueller Begabung unweigerlich auf den Boden der Erziehung durch manuelle Arbeit gestellt werden muß. Nun verlangen aber auch die manuellen Berufe, vor allem die gelernten Berufe, schon wegen der Verflochtenheit ihrer Interessen mit den Interessen des Staates auch die Beherrschung der primitiven Kulturwerkzeuge des Lesens, Schreibens, Rechnens, Zeichnens, die wir etwa mit dem, wenn auch nicht ganz zutreffenden Ausdruck »geistige Fertigkeiten« zusammenfassen können. Sie verlangen den Besitz von körperlicher Gesundheit und gewisse Einblicke in die Gesetze der Natur und der eigenen hygienischen Lebensführung, zu welchem Zwecke Leibesgymnastik und Naturkunde zu wesentlichen Bestandteilen des Volksschullehrplans gemacht werden müssen. Das sind Forderungen, auf die hier nicht weiter einzugehen ist. Dagegen ist zu betonen:

J e i n n i g e r d i e E n t w i c k l u n g d e r g e i s t i g e n F e r t i g k e i t e n m i t d e r E n t w i c k l u n g d e r m a - n u e l l e n F e r t i g k e i t e n i m F a c h u n t e r r i c h t a s - s o z i i e r t w e r d e n k a n n , d e s t o g l ü c k l i c h e r i s t die Organisation der Volksschule, desto ungezwungener und sicherer entwickeln sich auch die geistigen Fähigkeiten.

Wüßte man von allen Kindern rechtzeitig, welchem Berufe sie sich nach Neigung und Begabung zuwenden, wären nicht so viele Kinder in der Berufswahl vom Zufall oder vom Herkommen abhängig, würden nicht bei einer so großen Anzahl von Kindern infolge der Arbeitsverhältnisse ihrer Eltern oder aus anderen Gründen bestimmte Arbeitsinteressen sich überhaupt erst spät oder nie entwickeln, so wäre die beste Organisation der Volksschule die, welche die Kinder nach Gruppen ihres zukünftigen Berufes zusammenfassen würde und, ohne diese Schule zur Berufsschule zu machen, ihren aus der ersten Aufgabe entspringenden Teil der Schularbeit als Vorbereitung für den kommenden Beruf organisieren würde. Würden sich vollends die in dieser Schule zusammengefaßten gelernten Berufe der Schüler mit denjenigen Berufen decken, denen auch ihre Eltern nachgehen, so ließe sich in dieser Schule auch jenes Organisationsideal verwirklichen, nach welchem die Schule nicht ein Fremdkörper im Leben des Kindes sein soll, nicht etwas von der täglichen Arbeit im häuslichen Kreise Isoliertes, sondern ein diese häusliche, tägliche Arbeit des Zöglings aufgreifendes, sie veredelndes, geistig aufhellendes Bildungsorgan des Staates. Dann könnte der Lehrer, wie Pestalozzi im Schwanengesang meint, »sein Nebenwerk in des Vaters Arbeit so hineinflechten, wie ein Weber seine Blumen in ein ganzes Stück Zeug hineinwebt«. Aber keine dieser Bedingungen ist im allgemeinen heute gegeben, höchstens noch in rein ländlichen oder in wirtschaftlich primitiven Verhältnissen. In den allermeisten Fällen muß die Volksschule auf diese Konzentration verzichten, nicht aber die Fortbildungsschule, die diesem Ideal der Organisation in hohem Grade nachkommen kann und muß, und, wie das Beispiel Münchens zeigt, auch nachgekommen ist.

Aber auch wenn die Volksschule, so wie sie gegenwärtig möglich ist, in den meisten Fällen ihre Arbeit nicht mit der praktisch gerichteten Tätigkeit des Hauses und der Familie verweben kann, von der Forderung, die praktischen Interessen, die so ganz und gar das Seelenleben des Volksschülers, des noch werdenden Menschen, ausmachen, soweit als möglich zum Mittelpunkt der Unterrichtstätigkeit zu machen, kann sie nicht befreit werden. Ihre vornehmste Aufgabe bleibt alsdann zu sehen und zu sorgen nicht bloß, wie sie diese praktischen Interessen zum Nutzen des späteren Berufslebens vertiefen und ausbauen kann, sondern vor allem, wie sie die mit aller praktischen Arbeit verbundene rein geistige Aktivität entwickeln und so den Übergang von bloß praktischen Interessen zu theoretischen Interessen für alle jene vermitteln kann, deren Veranlagung diese Entwicklung ermöglicht. »Es ist ein Gemeinplatz«, sagt John Dewey in seinem Buche »Interest and Effort« (Hougthon Mifflin Company, Boston 1913, Seite 83), »daß das Grundprinzip der Naturwissenschaften mit der Relation von Ursache und Wirkung auf das engste verbunden ist. Aber das Interesse an dieser Beziehung setzt zunächst auf rein praktischem Gebiet ein. Irgendeine Wirkung wird beabsichtigt, und alle Aufmerksamkeit richtet sich auf die Bedingungen, welche diese Wirkung erzeugen. Zunächst herrscht das Interesse an der Erfüllung des beabsichtigten Zweckes vor. Aber in dem Maße, als dieses Interesse verflochten wird mit wohldurchdachten Bemühungen, den Zweck, trotz aller entgegenstehenden Schwierigkeiten und Hindernisse zu erreichen, wird das Interesse am praktischen Zwecke oder an der praktischen Wirkung notwendigerweise übertragen auf das Interesse an den Mitteln (eben den Ursachen), die die Wirkung zustande bringen. Wo handwerkliche Arbeit, wo Gartenarbeit, wo Kochprozesse usw. mit Verständnis (d. h. mit beständiger Überlegung von Ursache und Wirkung) durchgeführt werden, ist es eine verhältnismäßig einfache Sache, das zunächst rein praktisch gerichtete Interesse umzuwandeln in ein Interesse für Versuche um bloßer Entdeckungen willen. Sobald jemand interessiert ist an einem Problem als einem Problem, an Untersuchungen und Studien um der Lösung des Problems willen, dann ist das Interesse bereits rein theoretisch geworden.«

Unsere allgemeinen öffentlichen Schulen nehmen wenig oder gar keine Rücksicht in ihren Lehrplänen auf diesen Fundamentalsatz aller geistigen Entwicklung, die immer und überall von praktischen Interessen zu theoretischen vorwärts schreitet. Sie haben bis heute die Befriedigung der praktischen Interessen selbst da ausgeschlossen, wo die Masse der Schüler nur in seltenen Fällen überhaupt über praktische Interessen in ihrer geistigen Entwicklung hinausschreitet. Sie glaubt schon Großes getan zu haben, wenn sie bei der Einführung in ihrem vom sonstigen Leben des Schülers isolierten theoretischen Unterrichtsbetrieb an Vorstellungen aus dem praktischen Leben anknüpft. Das ist der größte Mangel, der unseren allgemeinen Schulen anhaftet.

III. DIE ZWEITE UND DRITTE AUFGABE DER ÖFFENTLICHEN SCHULE

Die zweite Aufgabe, die wir aus dem Zweck aller öffentlichen Schulen abgeleitet haben, ist die Versittlichung der Berufsaufgabe. Die Versittlichung aller dem Rechtsbewußtsein einer Zeit genügenden Handlungen beginnt da, wo sie ausgeübt wird, entweder um unseren inneren Personenwert zu erhöhen, oder wo sie aus einer uneigennützigen Neigung zu einem sittlichen Fremdwert entspringt. Eine Schulklasse so gewissenhaft als möglich zu führen, weil man als Lehrer zu ihrer Führung berufen und für diese Arbeit bezahlt wird, ist noch nicht sittlich. Das gleiche ohne Rücksicht auf Bezahlung tun, weil man sonst die Achtung vor sich selbst verlieren würde, ist bereits Sittlichkeit. Es zu tun aus reinem Gefallen an dem inneren Wert, an der inneren Erhöhung, die wir bei solcher Gesinnung fühlen, auch ohne Rücksicht auf das strafende Gewissen, ist sittlicher. Es zu tun, weil man sich keine schönere Aufgabe denken kann, als in dieser Weise dem Fortschritt der Gemeinschaft der Menschen zu dienen, ist am sittlichsten. Das Bewußtsein, daß man eine Arbeit, und wäre es auch die kleinste und niedrigste, zum Wohle einer Gemeinschaft ausführt, der man angehört, leitet immer die Versittlichung unserer Tätigkeit ein. Um dieses Bewußtsein durch die Schule zu entwickeln und aktionsfähig zu machen, gibt es zunächst kein anderes Mittel als das, welches ich als Organisation des Schulbetriebes im Geiste der Arbeitsgemeinschaft bezeichnet habe. Natürlich gibt die freiwillige Eingliederung in eine Arbeitsgemeinschaft noch keine Gewißheit für die Versittlichung der Tätigkeit. Aber wenn die Arbeitsgemeinschaft selbst der Träger einer sittlichen Idee ist, wenn sie etwa der Pflege edler Kameradschaftlichkeit, der Hingabe an Wissenschaft, Kunst, Religion, der Erforschung der Wahrheit, der Unterstützung Hilfsbedürftiger, dem Schutze der Gerechtigkeit usw. dient, ist es im allgemeinen leicht verständlich, daß der freiwillige Dienst in solcher Arbeitsgemeinschaft, wie häufig er auch von Knaben und Mädchen aus anderen Gründen gesucht worden sein mag, sich aus einem Dienste um rein praktischer Zwecke willen in einen Dienst um der sittlichen

Idee willen umzuwandeln vermag.

Kein Gedanke ist aber unserem deutschen Schulwesen fremder geblieben als der Gedanke der freiwilligen Arbeitsgemeinschaft. Nur an wenigen Volks- und höheren Schulen hat er eine bewußte Verwirklichung gefunden, sei es in den eigentlichen Unterrichtsmaßnahmen, sei es in den Maßnahmen für die Gestaltung der Schuldisziplin, oder sei es in freiwilligen Arbeitsleistungen der Schüler, die dem Schulbetriebe zugute kommen. Und doch haben wir seit fast hundert Jahren die ausgezeichneten Vorschläge, die Fichte in seinen »Reden an die deutsche Nation« gemacht hat, worin er wirtschaftliche Arbeitsgemeinschaften empfiehlt als wesentliche Erziehungsfaktoren für die kommende Generation. Ich habe darauf schon seit zwölf Jahren wiederholt hingewiesen, ebenso wie auf die Versuche von Dr. Lietz in seinen Landerziehungsheimen und auf den glänzenden Versuch John Deweys in Chicago, der leider nach so kurzer Zeit wieder eingestellt worden ist.

Ganz anders ist der Gedanke der Arbeitsgemeinschaft in die englischen und amerikanischen Schulen eingedrungen. Zwar hat auch dort noch der eigentliche Unterrichtsbetrieb wie bei uns in Deutschland nur die Förderung des e i n z e l n e n im Auge; dagegen finden wir in einer großen Anzahl von Schulen dieser Länder die Fragen der Klassen- und Schuldisziplin der Selbstregierung der Schüler anvertraut und den Gedanken der Arbeitsgemeinschaft in literarischen, sportlichen, wissenschaftlichen und künstlerischen Schülerverbänden verwirklicht. Wir Deutsche, denen das Bewußtsein, daß die Schulangelegenheiten unmittelbare Angelegenheiten des Volkes sind, bei weitem noch nicht genügend auf die Seele brennt, denen das Regiertwerden in allen Schulfragen zum unentbehrlichen Lebensbedürfnis geworden ist, wir Deutsche stehen noch immer vor dem Problem der Verwirklichung dieses Gedankens, ohne daß wir eine nennenswerte Aktivität hierfür entwickeln. Wir denken selbst da kaum daran, wo, wie bei der Organisation von Schulfesten, die Arbeitsgemeinschaft der Schüler eines der natürlichsten Dinge der Welt wäre. Das hängt nicht zum kleinen Teil auch damit zusammen, daß der landläufige Buchunterricht unserer Schulen, unser Lesen, Schreiben, Rechnen, unser Bibel- und Katechismusunterricht, unser Geschichts-, Geographie-, Literatur- und Sprachunterricht für eine Durchführung des Schulbetriebes auf der Basis der Arbeitsgemeinschaft im eigentlichen Unterrichtsbetrieb überhaupt nicht geeignet ist oder nur teilweise geeignet gemacht werden könnte, nämlich vielleicht in den zwei obersten Klassen mit Hilfe reichhaltiger Klassen- und Schulbibliotheken. Schulküchenunterricht für Mädchen, Gartenbau und Blumenpflege und fachlicher Arbeitsunterricht in Werkstätten, die alle ein Hauptfeld für die Entwicklung der Arbeitsgemeinschaft bieten, wie alle praktische Tätigkeit überhaupt, sind heute nur in relativ wenigen deutschen Volksschulen obligatorisch eingeführt. Regelmäßige gemeinsame Schülerübungen in Physik, Chemie und Biologie, die nicht weniger zu Organisationen gemeinsamer Arbeit die Möglichkeit bieten, fehlen als Pflichtbestandteile des Volksschulunterrichts fast überall. Wenn aber auch Pestalozzi in der Arbeitsbildung die Wurzel wie der intellektuellen so auch der sittlichen Bildung erblickt, wenn auch Natorp in Arbeit und Arbeitsgemeinschaft Kern und Mittelpunkt der sittlichen Bildung sucht, wenn, wie er behauptet (vgl. Religion innerhalb der Grenzen der Humanität, 1908, Verlag Mohr, Tübingen, S. 7), die Tugend des Gemeinschaftslebens, die Gerechtigkeit, nur gelernt wird durch die unmittelbare Teilnahme an der Gemeinschaft selbst, haben wir da nicht alle Ursache, unsere Schulen, soweit als immer es möglich ist, in Arbeitsgemeinschaften umzuwandeln?

Ich hatte den Gedanken der Arbeitsgemeinschaft im Unterrichtsbetrieb vor vielen Jahren kaum laut ausgesprochen, als zwar technische Bedenken gegen seine Durchführung nicht erhoben, dagegen der moralische Nutzen sehr in Frage gestellt wurde. Die Tüchtigen und Herrschsüchtigen, so sagte man, werden stets die Führung in den Arbeitsgemeinschaften an sich reißen, die Masse aber wird hypnotisiert, gezwungen oder freiwillig immer wie eine Hammelherde hinter den Führern nachlaufen. Gewiß, die Tüchtigen werden die Führung haben, sie sollen sie haben. Ich habe sie oft genug in unseren auf Arbeitsgemeinschaft basierten Schülerübungen der Volks- und Fortbildungsschule beobachtet. Aber dazu ist ja gerade die Schule da, diese Führer zu lehren, ihre Führerschaft im Dienste der Schwachen auszuüben. Würde jemand empfehlen, die Arbeitsgemeinschaft des Staates zu zertrümmern, weil im Staate die Menschen sich in Führer und geführte Massen trennen? Für jeden konsequent Denkenden ist diese Erscheinung erst recht ein Grund zur Einführung der Arbeitsgemeinschaften in die Schule. Natürlich setzt diese Einführung eine tiefe Einsicht der Lehrer in die Wirkungsweise von Arbeitsverbänden voraus. Man darf sie nicht bilden, ehe nicht die Schüler überhaupt ein gewisses Minimum von geistiger, manueller und moralischer Leistungsfähigkeit auf dem betreffenden Arbeitsgebiete haben. Auch wird man nicht allzu ungleiche Elemente zunächst in Arbeitsgemeinschaften verketten und wird den großen Egoisten, die es immer und überall gibt, allezeit ein wachsames Auge zuwenden. Ab und zu wird man die Führer aller Gruppen, soweit es sich um Arbeitsgemeinschaften im Unterrichtsbetrieb handelt, herausnehmen und zu einer eigenen Arbeitsgruppe vereinigen, damit sie nicht beständig im Bewußtsein überragender Kraft leben. **Vor allem aber müssen die Lehrer der Schule selbst vom Geiste der opferwilligen Arbeitsgemeinschaft**, die sie untereinander und mit ihren Schülern bilden, **tief durchdrungen sein**. Gerade die letzte Forderung wird der generellen Durchführung des Problems durch alle Schulen Deutschlands die größte Schwierigkeit bereiten. Denn wieviel Idealismus unter den Lehrern auch herrscht, der Idealismus der freiwilligen Opferwilligkeit auch außerhalb der durch Dienstvertrag geregelten Arbeitszeit ist wie bei allen anderen Ständen auch bei den Lehrern nur in einem nicht allzu großen Prozentsatz vorhanden. Wo Handwerkergeist die Lehrer einer Schule beherrscht, werden die Schüler schwer zu Arbeitsgemeinschaften außerhalb des Unterrichtsbetriebes sich vereinigen, und wo sie es tun, wird diesen Arbeitsgemeinschaften nur allzu leicht die versittlichende Kraft fehlen. Umgekehrt: Wo die Schülermassen einer Schule vom rechten Geiste der Arbeitsgemeinschaft erfaßt sind, da stellt dieser Geist selbst das glänzendste Zeugnis für den inneren Wert der Lehrerschaft dieser Schule aus. Die Quellen der moralischen Opferwilligkeit versiegen nur zu leicht, wo sie nicht beständig vom Beispiel einer selbstlosen Umgebung in den Zöglingen genährt werden.

Mit der Durchführung des Prinzips der Arbeitsgemeinschaft ist aber nicht bloß eine der wirksamsten Kräfte der Versittlichung der Berufserziehung unserer Schüler gegeben, sondern es werden auch eine ganze Reihe von wertvollen Eigenschaften entwickelt, die sonst kaum im regulären Schulbetrieb Nahrung fänden. Durch die mannigfachen Berührungen, in welche die Arbeitsgemeinschaft die Schüler immer und immer wieder bringt, entwickelt sich vor allem eine Eigenschaft, auf die ich im zweiten Teile meiner Untersuchung zu sprechen kommen werde, die F e i n - f ü h l i g k e i t, die an sich noch keine moralische, wohl aber eine für die Charakterentwicklung höchst wertvolle Eigenschaft ist. Weiterhin findet dadurch vor allem eine moralische Eigenschaft gerade in den Tüchtigsten unserer Schüler eine Förderung, wie sie bisher die öffentliche Schule überhaupt nicht bieten konnte: ich meine die Entwicklung des Bewußtseins der V e r a n t - w o r t l i c h k e i t. Nicht nur die Führer der Arbeitsgruppen, sondern auch jedes einzelne Mitglied einer Arbeitsgruppe wird sich tagtäglich bewußt, wie seine Leistungen sowohl für ihn von Bedeutung sind als auch für die Qualität der Leistung der ganzen Gruppe. Unsere heutigen Schulen sind kaum imstande, den B e g r i f f der Verantwortlichkeit im Schüler zu erwecken, geschweige daß sie imstande wären, in ihm das brennende Verantwortlichkeitsgefühl zu erzeugen. Wenn nicht die Arbeitsgemeinschaft des Hauses hier den Löwenanteil auf sich nimmt, verschwindet diese Grundeigenschaft des brauchbaren Staatsbürgers mehr und mehr.

Freilich ist zur vollen Auswertung der erziehlichen Kraft der Arbeitsgemeinschaft auch noch »eine eingehende Seelenpflege, eine planvolle Klärung des sittlichen Urteils nötig«, wie W. F. Foerster in seiner Schrift »Staatsbürgerliche Erziehung« (B. G. Teubner, Leipzig 1910) mir gegenüber hervorheben zu müssen glaubt. Gewiß, »die bloße Übung im Zusammenarbeiten ist noch kein Schutz gerade gegen die kommenden Versuchungen des k o r p o r a t i v e n Egoismus, der für den Staat mindestens so gefährlich ist wie der p e r s ö n l i c h e Egoismus«. Aber an dieser m ü n d l i c h e n Seelenpflege hat es bisher wenigstens an den b e s t e n unserer Schulen nicht gefehlt, wenn auch durchaus anzuerkennen ist, daß die ausgezeichneten Anweisungen, die

Foerster vor allem in seiner »Jugendlehre« (Berlin, Reimer) gibt, die Einsicht in die Notwendigkeit solcher Lehre erst recht in den Vordergrund des Interesses gerückt hat. Woran es dagegen durchaus fehlt in unseren Schulen, das ist die p r a k t i s c h e Seelenpflege, ohne welche alle »Klärung des sittlichen Urteils« höchstens da wertvoll wirkt, wo das Gemeinschaftsleben der Familien seine Schuldigkeit tut. Darum ist heute nichts notwendiger für unsere Schulen als Einrichtungen zu treffen, in denen diese praktische Seelenpflege von selbst ihr fruchtbares Arbeitsfeld findet.

Eine Schule nun, die nicht imstande ist, den sittlichen Geist der Hingabe an andere durch das Mittel der Arbeitsgemeinschaft und des sich auf ihren sittlichen Gewohnheiten aufbauenden Gesinnungsunterrichts zu bilden, ist noch viel weniger geeignet, die dritte und letzte Aufgabe in Angriff zu nehmen, die wir aus dem Zweck der öffentlichen Schule abgeleitet haben: ihre Schüler anzuleiten, a n d e r V e r s i t t l i c h u n g d e s g r o ß e n G e m e i n w e s e n s , in dem sie leben und ihre berufliche Tätigkeit ausüben, m i t z u a r b e i t e n . Für diesen höchsten Akt der staatsbürgerlichen Erziehung der Jugend, welcher die Grundaufgabe aller öffentlichen Erziehung sein muß, ist eben die frühzeitige Gewöhnung, im Dienste einer Idee zu arbeiten, das weitaus Wichtigste.

Die V o l k s s c h u l e allerdings kann wenig mehr tun, als diese Gewöhnung durch das Mittel der Arbeitsgemeinschaft anzubahnen. Die jugendliche Unreife und nicht zum geringen Teile auch die mangelnde geistige Begabung ihrer Schüler lassen die Bestrebungen, die darauf ausgehen, im Geschichts- oder ethischen oder sonstigen Unterricht die Schüler über die Aufgaben des Staates und vor allem über die sittlichen Aufgaben wirksam zu belehren, als im großen und ganzen zwecklos erscheinen. Die Tätigkeit, welche hier Frankreich entfaltet in seiner »instruction civique« an den Volksschulen, hat mich angesichts der dort bestehenden politischen Verhältnisse nicht eines besseren belehrt.

Was aber die Volksschule mit gutem Erfolg durchführen könnte, das ist: die Schüler an der Versittlichung ihres eigenen kleinen Gemeinwesens der Klasse oder der ganzen Schule, ihrer eigenen kleinen schulischen Lebensgemeinschaft durch Zweckverbände, die dazu aus den Schülern organisiert sind, praktisch arbeiten zu lassen. Sie könnte dies nicht bloß, sie tut es bereits tatsächlich, allerdings nicht in Deutschland, wohl aber in Tausenden von Volksschulen der Vereinigten Staaten in Nordamerika. Der »Schulstaat« ist jenseits des Ozeans längst kein theoretisches Problem mehr. Selbst in der Riesenstadt Neuyork fand ich in der 110. Volksschule an der Kreuzung der Cannon- und Broome-Street ein glänzendes Beispiel. Eine Klasse dieser Schule hatte sich vor etwa zwölf Jahren eine »Verfassung« gegeben und in einer »Charter« niedergelegt. In der Urkunde, welche die Verfassung festlegt, sind den Bürgern auch eine Reihe von Schülerpflichten vorgeschrieben, z. B. »höflich und gütig zu sein gegen alle«, »alles zu vermeiden, was gegen die Gesetze des Staates oder der Stadt ist oder was das Recht und das Glück anderer verletzt«, »jeder allgemeinen Versammlung der Schüler anzuwohnen«, »zur Aufrechterhaltung der Gesetze beizutragen«, »andern ein gutes Beispiel zu geben«, »alles zu tun, was die Wohlfahrt der Schule fördern kann« usw. Zur Aufrechterhaltung der Gesetze sind zwei eigene Gerichtshöfe gebildet, einer von den Knaben, einer von den Mädchen. Der Erfolg war nach den Mitteilungen der Leiterin so gut, daß der Staat sich allmählich ausdehnte und heute alle h ö h e r e n Klassen umfaßt. Die Nachbarschaft der Schule ist eine der dichtbevölkertsten der Welt. Alle Nationalitäten scharen sich in riesigen Logierhäusern um die Schule: Russen, Italiener, Deutsche, Iren, Österreicher, Ungarn, Rumänen, Griechen. Das Notwendigste war hier, den Kindern dieser einander gänzlich fremden Rassen ein selbstloses Interesse aneinander zu lehren, von innen heraus Autorität zu entwickeln, statt ihnen Autorität aufzudrücken, und den Kindern zu zeigen, daß Ordnung besser ist als Anarchie. Jeder Bürger wurde Lehrer eines neuzugewanderten fremden Kindes. So wuchs der Schulstaat auf einer gesunden Basis. Die kleinen Bürger sind gütig gegen die kleinen Verbrecher, nur verzichten sie mit ihnen zu spielen. »Der einzige Weg, auf welchem solch eine Selbstregierung hoffen kann, erfolgreich zu sein,« meinte Miß Simson, die Leiterin der 110. Schule, »ist, daß die Lehrer sich nicht dareinmengen. Sie müssen, äußerlich wenigstens, diese Regierung ignorieren. Ich selbst«, sagte sie, »habe niemals den Kindern einen Rat gegeben, ausgenommen zu der Zeit, da die Kinder ihre Verfassung (Charter) vorbereiteten. Und von dieser Zeit an leben sie genau nach dieser Verfassung, und die ganze S e l b s t r e g i e r u n g hat die Schule, die einst vor zehn Jahren als die schlechteste der Stadt galt, zu einer der besten umgewandelt.« (Vgl. auch meine fünf Aufsätze über das Schulwesen der Vereinigten Staaten, Süddeutsche Monatshefte, Jahrgang 1912.)

Die F o r t b i l d u n g s s c h u l e n dagegen, namentlich jene, deren beruflicher Unterricht ohnehin schon ein geistig gewecktes Schülermaterial verlangt, sind bereits zum mindesten in den zwei letzten Jahresklassen imstande, auch die Aufgaben der Staatsgemeinschaft dem Verständnis der Schüler näher zu bringen. Nicht zum wenigsten aus diesem Grunde ist die obligatorische, auf staatsbürgerliche Erziehung gerichtete Fortbildungsschule mit einer qualitativ und quantitativ ausreichenden Unterrichtszeit die wichtigste Forderung für den Ausbau der Organisation der Volksschule in Deutschland. Wie dieser Ausbau vollzogen werden muß, damit er auch unserer dritten Aufgabe gerecht wird, darüber habe ich mich zu verschiedenen Zeiten und in verschiedenen Reden und Schriften eingehend geäußert. (Vgl. »Grundfragen der Schulorganisation«, 4. Auflage 1920; »Begriff der staatsbürgerlichen Erziehung«, 4. Auflage 1919, Verlag B. G. Teubner, Leipzig. – Ebenso »Staatsbürgerliche Erziehung der deutschen Jugend«, 6. Auflage 1917, Verlag Carl Villaret, Erfurt.)

Bei weitem die aussichtsreichsten Möglichkeiten zur Durchführung der dritten Aufgabe bieten die h ö h e r e n S c h u l e n . Hier sind die praktischen Maßnahmen, welche die einzelnen Schüler in den Dienst verschiedener Zweckverbände ihrer Mitschüler stellen, sehr viel leichter durchführbar als an den Volks- und Fortbildungsschulen. An den Volksschulen bildet bisweilen die geringe körperliche, geistige und sittliche Reife namentlich in den großen Städten ein schwer zu nehmendes Hindernis für die Gestaltung von freiwilligen Arbeitsgemeinschaften im Dienste der Schulaufgabe. Die Schüler der höheren Klassen unserer Volksschulen sind eben durchschnittlich ein bis zwei Jahre jünger als die höheren Klassen der Volksschulen der Vereinigten Staaten. Zum mindesten machen solche Arbeitsgemeinschaften sehr sorgfältige Überlegungen und Vorsichtsmaßregeln nötig und setzen in höherem Maße ein im verborgenen mitarbeitendes Lehrpersonal voraus. An den deutschen Fortbildungsschulen liegt die Hauptschwierigkeit darin, daß die Schule selbst mit ihrer relativ geringen Unterrichtszeit die Schüler zu wenig in gegenseitige Berührung bringt und so gewöhnlich nicht imstande ist, jenes Gemeinsamkeitsgefühl zu erzeugen, aus dem gewissermaßen spontan die Neigung zu freiwilligen Arbeitsverbänden erwacht.

Alle diese Hindernisse kennt die höhere Schule nicht. Dazu kommt, daß namentlich in den oberen Klassen die Lektüre der deutschen und fremden Klassiker sowohl als auch der intensive Geschichtsunterricht auf die Kulturprobleme der menschlichen Gesellschaft und auf die Aufgaben des Staates führt, und daß damit eine wissenschaftliche, d. h. eine objektive Belehrung über die Aufgaben des Staates und über die Pflichten der Staatsbürger von selbst nahegerückt wird. – Daß die höheren Schulen in Deutschland im scharfen Gegensatz zu den Schulen anderer germanischer Staaten bis jetzt diese dritte Aufgabe nicht oder nur ganz ungenügend in Angriff genommen haben, liegt nicht zum wenigsten daran, daß unsere höheren Schulen von anderen Gesichtspunkten aus ihre Aufgaben auffaßten als von den hier entwickelten. Sie betrachten sich nicht als Werkzeuge der ethischen Staatsentwicklung, sondern als Werkzeuge der Gelehrtenbildung in der durchaus falschen Voraussetzung, daß der tüchtige Gelehrte von selbst ein »brauchbarer Staatsbürger« werde. Die Auffassung wird dadurch genährt, daß es tatsächlich zu allen Zeiten große Gelehrte gegeben hat, die auch große Staatsbürger waren. Solche Erscheinungen aber zu verallgemeinern, daran sollte uns wenigstens der gegenwärtige Zustand in unserem durchschnittlichen Gelehrten- und Beamtentum hindern. Wir Deutschen leiden noch immer sehr an unserer Vergangenheit, aus der unsere Gelehrtenschulen mit ihren Zwecken und Zielen herausgewachsen sind. Unsere angelsächsischen Vettern haben diese Art der Vergangenheit abgeschüttelt. Ich habe vor sechs Jahren durch einen englischen Freund von den Schülern der Oberklassen einer vornehmen englischen Gelehrtenschule in einer unvorbereiteten

Klausurarbeit die Frage bearbeiten lassen: »Welches ist der Zweck unserer Schule, und wie erreicht sie ihn?« Die einstimmige Antwort war: »Ihr Zweck ist der zukünftige Staatsbürger.« Die Durchführung des Themas, welche die größte Mannigfaltigkeit der Auffassung aufwies, zeigte deutlich, daß diese Schüler auch über die Pflichten und notwendigen Eigenschaften des Staatsbürgers völlig im klaren waren. (Vgl.: »Begriff der staatsbürgerlichen Erziehung«, 3. Aufl., B. G. Teubner, Leipzig.) Welches deutsche Gymnasium hätte mir die gleichen einstimmigen Antworten gegeben?

IV. DIE METHODEN DER ARBEITSSCHULE

Die Darstellung der Lösung der drei Aufgaben, die sich aus dem obersten Zweck der Volksschule naturgemäß ergeben, haben uns zum Grundriß einer inneren Organisation der Volksschule geführt, die ich vor neun Jahren in meiner Rede in der Peterskirche zu Zürich mit dem Worte »Arbeitsschule« bezeichnet habe. Wie alt auch das Wort »Arbeitsschule« sein mag, so darf ich doch wohl behaupten, daß der auf diese Weise bestimmte Inhalt des Wortes sich nicht mit einem der früheren Inhalte deckt.

Mit den vorausgegangenen Erörterungen ist nun aber der Begriffsinhalt des Wortes noch nicht erschöpft. Jene drei Aufgaben und die aus ihnen entspringende Organisation geben die ethische R i c h t u n g   d e r   C h a r a k t e r b i l d u n g an, welche die Erziehung durch unsere Volksschule einschlagen soll. Damit haben wir eine e r s t e Reihe von Merkmalen des Begriffs »Arbeitsschule« gewonnen.

Die z w e i t e Reihe von Merkmalen ergibt sich aus dem W e s e n   d e r   C h a r a k t e r b i l d u n g   s e l b s t. Indem wir aber dem Wesen der Charakterbildung nachgehen, stehen wir vor dem Grundproblem der Erziehung. Es handelt sich dabei nicht darum, welche Ziele wir mit dieser pädagogischen Arbeit anstreben, sondern an w e l c h e   p s y c h i s c h e n   K r ä f t e des Zöglings wir uns zu wenden haben und w i e wir sie behandeln müssen. Welche dieser Kräfte sind unveränderlich, welche veränderlich und demnach der Beeinflussung durch Erziehung zugänglich? Wie muß diese Beeinflussung vor sich gehen, daß die persönliche Charakteranlage des einzelnen sich sittlich entwickle, ohne wertvolle Eigenschaften dieses Charakters zu unterdrücken, zu vernachlässigen oder verkümmern zu lassen? Ich habe in meiner Untersuchung über den Charakterbegriff (vgl. »Charakterbegriff und Charaktererziehung«, 2. Aufl. 1913, B. G. Teubner, Leipzig) diese Kräfte zu ermitteln gesucht.

Es sind vier Kräfte, deren Vorhandensein die Möglichkeit, einen wertvollen Charakter erziehen zu können, in Aussicht stellt: Willensstärke, Urteilsklarheit, Feinfühligkeit, Aufwühlbarkeit. Die Kräfte sind natürlich – wie alle Seelenkräfte – nicht völlig voneinander unabhängig. Insbesondere beeinflußt die letzte dieser vier Eigenschaften, die in der Hauptsache eine unveränderliche Anlage zu sein scheint, die drei übrigen in hohem Grade. Denn von der T i e f e und D a u e r der Gemütsbewegungen, die mit einem Grundsatz unseres Handelns, einer Maxime unseres Gewissens, einer Idee unserer Welt- oder Lebensanschauung verknüpft sind, hängt zu einem erheblichen Teile die Beharrlichkeit unserer Willensentschlüsse und die Kraft ihrer Umsetzung in Handlungen ab. Natürlich ist es nicht so, als ob die vier Eigenschaften nun auch tatsächlich die Entwicklung eines Charakters gewährleisten. Sie sind notwendige, aber nicht hinreichende Bedingungen, die zum Teil schon in der Charakter a n l a g e gegeben sein müssen. Hinzutreten muß immer eine e r w o r b e n e Eigenschaft, die einheitliche Organisation der Grundsätze, Maximen, Ideen in unserer Seele unter eine oberste Idee, die unserer ganzen Seelenstruktur entspricht und deshalb unser Wesen in seinem ganzen Umfange und seiner Tiefe ausfüllt.

Die Entwicklung der drei ersten Charaktermerkmale erfordert vor allem F r e i h e i t d e r B e t ä t i g u n g u n d M a n n i g f a l t i g k e i t d e r V e r h ä l t n i s s e. Damit der Wille sich entwickelt, muß er sich beständig in Handlungen entladen können, und damit er stark zu werden vermag, muß er Freiheit und Bewegung haben. Damit der Verstand klarer urteilen lerne, muß er seine Vorstellungen und Begriffe so weit als möglich d u r c h E r f a h r u n g s e l b s t erarbeiten. Damit die Feinfühligkeit an Umfang zunehme, müssen Verstand und Gemüt frühzeitig in einer Fülle von realen Verhältnissen sich bewegen und so gewöhnt werden, rasch und mannigfaltig zu reagieren. Die Passivität und Rezeptivität der landläufigen Schulen beeinflußt die Entwicklung dieser drei Kräfte oft nur ungenügend, und nicht selten sucht die Entwicklung dieser Kräfte dann Auswege, die der Lösung der Aufgabe, sie ethisch zu richten, neue Schwierigkeiten bereitet. Zwar fließt die alte Pestalozzische Forderung der Selbsttätigkeit des Kindes noch immer wie Honig von den Lippen der Pädagogen. Aber diese Selbsttätigkeit ist, wo sie der Wort- und Buchbetrieb der herkömmlichen Schule nicht überhaupt zum bloßen Schein herabdrückt, im wesentlichen fast durch die ganze Schule hindurch für alle drei Grundkräfte des

Charakters an fest vorgeschriebene Geleise gebannt. Es ist leider mehr die Selbsttätigkeit einer Maschine als die der produktiven Arbeit.

Der geringe Einfluß eines solchen Schulbetriebes auf die Charakterbildung konnte nicht verborgen bleiben. Die zunehmende Individualisierung des kulturellen, politischen und sozialen Lebens in Verbindung mit dem immer stärker fühlbar werdenden Mangel an uneigennützigen, klaren, selbständigen Menschen, die unzulänglichen Lösungen der dem Volke übertragenen öffentlichen Aufgaben ließen uns erkennen, daß der modernen deutschen Bildung, wie Lichtwarck am ersten Kunsterziehungstage mit vollem Rechte bemerkte, »die gestaltende Kraft fehlt«. Wir lernen immer mehr die Bedeutung der durch nichts zu ersetzenden, von großen Maximen gerichteten eigenen praktischen Initiative einsehen, die nirgends sich entwickeln kann, wo die Erziehung dem Zögling in allem, was er tut, streng vorgeschriebene Bahnen weist. Immer lauter werden die Stimmen, die nach dem Einzug von f r e i g e w ä h l t e r oder doch frei sich auswirkender Betätigung in die Mauern der Schulen rufen. In seinem trefflichen Aufsatz »über freiere Gestaltung des Unterrichts auf der Oberstufe des Gymnasiums« in den Blättern für das Gymnasial-Schulwesen 1912, Heft 2, fordert Professor Dr. Paul Joachimsen s y s t e m a t i s c h e n A u s b a u d e s W a h l u n t e r r i c h t s in den drei oberen Klassen des Gymnasiums. (Vergleiche auch Kap. VI.) Das Wort von der Pädagogik der Tat wurde zunächst geprägt. Bald aber hatte es dem neuen Schlagwort Platz zu machen, dem Schlagwort vom Arbeitsunterricht als Prinzip, worunter man die Verbindung von einer Fülle m a n u e l l e r Tätigkeiten mit allen herkömmlichen Unterrichtsgegenständen verstand. Schon diese grobe Veräußerlichung des Begriffes »Arbeitsunterricht« als eines Unterrichts in r e i n m a n u e l l e r Beschäftigung zeigte, wie wenig das Wesen des Begriffes der Arbeitsschule erfaßt worden war. Indem nun aber eine große Anzahl von Schulmännern überdies den manuellen Arbeitsunterricht als Fach vollends ablehnte, beraubte sie auch ihren Arbeitsunterricht als Prinzip ein für allemal des besten Einflusses auf Charakterbildung. Jedoch in drei heiligen Konzilien 1857, 1882 und 1900 hatte die deutsche Lehrerschaft das anathema sit dem fachlichen Arbeitsunterricht in jeder Form gesprochen. Und andernteils hatte die Bewegung für den Handfertigkeitsunterricht das Augenmerk einer großen Zahl von Lehrern nahezu ausschließlich auf die manuelle Arbeit gelenkt. Da ist es nur zu begreiflich, daß die neue Bewegung nicht sofort in die rechten Bahnen kam. Man war überhaupt nicht von der Erwägung ausgegangen, die das wahre Wesen des Arbeitsunterrichts hätte erfassen lassen. Kindergartenbeschäftigung, Handfertigkeitsbewegungen, die alten Forderungen von Selbsttätigkeit usw. führten von vornherein zu einer Veräußerlichung des Arbeitsunterrichts als Prinzip. Weil Arbeiten gewöhnlich eine manuelle Tätigkeit ist, so glaubte man das Problem der Arbeitsschule damit gelöst zu haben, daß man mit j e d e m herkömmlichen Unterrichtsgebiet der Schule irgendwelche manuelle Tätigkeit verband. Selbst dem Geschichtsunterricht der oberen Klassen der Volksschule glaubte man durch Modellierbögen von Ritterburgen, Laubsägearbeiten nach Bauformen alter Stile, Planzeichnen von Schlachtfeldern usw. den Charakter von Arbeitsunterricht gegeben zu haben. Das Illustrieren von epischen Gedichten und biblischen Erzählungen mußte zur Verherrlichung des neuen Prinzips herhalten. Aber so wenig man sich den Begriff des kategorischen Imperativs erarbeitet, wenn man einen Holzschnitt von Kant nachzeichnet, ebensowenig treffen die erwähnten manuellen Arbeiten den Geist des Arbeitsprinzips. Manuelle Arbeit ist im Dienste eines Unterrichtszweiges nur da »bildend«, wo Begriffe und Erkenntnisse aus Tatsachen der täglichen Erfahrung herauswachsen und das Vorstellungsmaterial aus sinnlicher Beobachtung gewonnen werden muß. Alle im Laufe der Zeiten entwickelten g e i s t i g e n Arbeitsgebiete haben ihre eigenen spezifischen Arbeitsweisen. Das Arbeitsprinzip ist nur dann gewahrt, wenn die Arbeit beim Eindringen in die Vorstellungskreise und in die Denkungsweise dieses Gebietes den A r b e i t s m e t h o d e n a n g e p a ß t i s t, d i e s i c h i n n e r h a l b j e n e r G e i s t e s g e b i e t e m i t p s y c h o l o g i s c h e r N o t w e n d i g k e i t e n t w i c k e l t h a b e n. Wer durch zeitgenössische Schilderungen und anderes Quellenmaterial oder auch nur aus der Lektüre von historischen Schriften der Gegenwart historische Kenntnisse selbständig erarbeiten läßt, wer durch den Schülern überlassene dramatische

Gestaltung von Dichtungen in gebundener und ungebundener Form diese Schüler den Inhalt tiefer erleben und erfassen läßt, wer in Arbeitsgemeinschaften Gelegenheiten schafft zur Entwicklung der Feinfühligkeit im geselligen Verkehr der Schüler, wer die Schüler anleitet, selbst durch eigene Versuche in den Kern der physikalischen, chemischen, biologischen Gesetze einzudringen, sie alle gestalten den Unterrichtsbetrieb nach dem Prinzip der produktiven Arbeit.

Das Wesen der Arbeitsschule und des in ihr lebendig werdenden Arbeitsprinzips ist eben ein völlig anderes, als es sich selbst in den Köpfen derjenigen Arbeitsschulapostel und Werkunterrichtsprediger spiegelt, die auf Kongressen das neue Evangelium ausbreiten wollen. Der 21. Kongreß des Deutschen Vereins für Knabenhandarbeit und Werkunterricht in Charlottenburg 1912 war mir wieder ein wenig erfreulicher Beleg hierfür. Ich will daher versuchen, dieses Wesen der Arbeitsschule in aller Kürze klarzulegen. Eine eingehende Untersuchung der hier aufgestellten Begriffe findet man in meiner Abhandlung: Das Grundaxiom des Bildungsverfahrens und seine Folgerungen für die Schulorganisation (Verlag Deutsche Union, Berlin 1917).

Die Bildung des Kindes geht immer in der Weise vor sich, daß es in der Umgebung, in der es aufwächst, die Kulturgüter ergreift und erlebt, welche die Gemeinschaft, der das Kind angehört, als solche Kulturgüter wertet, also die Sprache, die Sitten und Gebräuche, die Verfassungen und Rechtssysteme, die Religion, die Begriffe und Gesetze der Wissenschaften, die Wissenschaften selbst, die Kunstgüter, die technischen Güter. Nicht alle sprechen das Kind, den Knaben, den Jüngling in gleicher Weise an; für Tausende und aber Tausende hat es in seinem eigenen Wesen keinen Schlüssel, sie sich zugänglich zu machen, sie zu assimilieren, s i e z u e r a r b e i t e n . Gewisse Begriffe, Maximen, Glaubenssätze, Naturgesetze, Kunstformen, Sittlichkeitsvorstellungen, Sachkonstruktionen, Arbeitsverfahren usw. dem Gedächtnis einzuverleiben, das gibt keine Bildung; a u f d a s E r a r b e i t e n k o m m t e s a n . Denn nur durch das Erarbeiten bilden sich die S e e l e n f u n k t i o n e n i n i h r e r T o t a l i t ä t , werden leistungsfähiger, kräftiger, zielstrebiger. Nur im

Erarbeiten entwickeln sich geistige und sittliche Gewohnheiten, die wir am g e b i l d e t e n Menschen so hoch schätzen.

Aber was heißt nun ein Kulturgut erarbeiten? Was ist psychologisch damit gemeint?

Um diese Frage zu beantworten, müssen wir überlegen, wie Kulturgüter entstehen, nicht im einzelnen, das würde zu einer Philosophie der Kulturgüter führen, sondern ganz allgemein. Jedes neue Gut, das Menschen der Menschheit schenken, trägt das Gepräge des Geistes, dem es entsprungen. Das mag der Geist eines einzelnen oder der Geist ganzer Völker und ganzer Generationen sein. Das mag ein individuelles oder ein allgemeines Gepräge oder eine Mischung aus beidem sein. Am deutlichsten sehen wir das bei den einzelnen Kunstgütern, die ja überhaupt zu allen Zeiten die individuellsten Güter waren und sein werden. Denn jedes echte Kunstwerk ist der unverfälschte Ausdruck einer Individualität, und zwar so sehr, daß man eine neu ausgegrabene, wertvolle Statue, ein neu entdecktes, wertvolles Drama, ein nicht gezeichnetes, wertvolles Streichquartett sofort und eindeutig auf ihren Autor hin bezeichnen kann. Es trägt neben gewissen objektiven, dem allgemeinen objektiven Geist der Zeit entstammenden Zügen vor allem auch die subjektive Struktur des Geistes, aus dem es geboren wurde.

Ganz das gleiche gilt für alle Kulturgüter ohne Ausnahme. Die deutsche Sprache trägt ebenso die Struktur des deutschen Geistes wie die deutsche Philosophie im ganzen, wie in ihren einzelnen, geschlossenen Systemen. Selbst Maschinen und Werkzeuge tragen ihr individuelles Gepräge, wie Sitten, Gebräuche, Religionsformen. Die verschiedenen Wissenschaften tragen die Struktur ganz bestimmter Denkweisen, und diese Struktur ist eine andere beim Naturwissenschaftler, eine andere beim reinen Mathematiker, eine völlig andere beim Historiker (vgl. vor allem W. D i l t h e y s Akademieabhandlung von 1910: Der Aufbau der geschichtlichen Welt in den Geisteswissenschaften), wie übereinstimmend auch sonst die formal logischen Prozesse in allen drei Wissenschaftsgebieten sich verhalten.

Die Tausende von Geräten, die uns täglich umgeben und die wir täglich gebrauchen, tragen in ihrer Konstruktion wie in ihrer ästhetischen Erscheinung eine volkstümliche Struktur, in der die Arbeit, die geistige wie die manuelle, ungezählter Generationen aufgespeichert ist.

Jetzt können wir die Frage beantworten, was heißt ein Kulturgut e r a r b e i t e n : Wenn jedes Kulturgut eine geistige Struktur hat, so hat nur derjenige einen Zugang zu ihm, der die gleiche oder doch annähernd gleiche geistige Struktur besitzt; und nur für den, der diesen Zugang hat, wird das Kulturgut zum Bildungsgut werden. Die geistige Struktur des Historikers ist eine andere als die des Physikers, und diese wieder eine andere als die des Philologen oder reinen Mathematikers. Ich kann auf die grundlegenden Verschiedenheiten hier nicht eingehen. Noch ungleich verschiedener sind die geistigen Strukturen der Künstler, der Religionsstifter, der Techniker. Keiner von ihnen besitzt, sofern wir es mit reinen einseitigen Ausprägungen dieser Individualitäten zu tun haben, den Schlüssel zu den Kulturgütern des andern.

Sobald aber meine geistige Struktur der geistigen Struktur des Kulturgutes angepaßt ist, werde ich von ihm ganz von selbst ergriffen, und nun fragt sich, ob ich auch geistig oder seelisch stark genug bin, es zu assimilieren. Ich kann es nur assimilieren, indem ich durch ununterbrochene Tätigkeit, die aus der T o t a - l i t ä t meiner Individualität wächst, mich in das Wesen des Kulturgutes zu versetzen suche, d. h. eben e s e r a r b e i t e . Jetzt entfaltet das Kulturgut seinen Bildungswert, und zwar mit zwingender Notwendigkeit. Es ist ja selbst dem analogen geistigen Prozeß entsprungen und speichert gleichsam die Bildungsenergie dieses geistigen Prozesses potentiell in sich auf, bis der adäquate Geist kommt und in der Erarbeitung, Assimilierung des Kulturgutes die potentielle Energie wieder in die kinetische Energie seiner Persönlichkeit verwandelt.

D i e s e p o t e n t i e l l e , i n d e r S t r u k t u r d e r K u l t u r g ü t e r a u f g e s p e i c h e r t e g e i s t i g e E n e r - g i e n e n n e i c h d e n i m m a n e n t e n B i l d u n g s w e r t d e r K u l t u r g ü t e r .

Die Arbeitsschule aber ist diejenige Schule, die durch ihre Methoden und durch die Art ihres ganzen Betriebes die immanenten Bildungswerte ihrer Bildungsgüter auslöst.

Es hat also mit dem Geiste der Arbeitsschule nicht das geringste zu tun, wenn man im Geschichtsunterricht den Gang von Schlachten oder die Formen bekannter Baustile zeichnet und modelliert, wenn man im Sprachunterricht Gedichte und biblische Erzählungen illustriert, wenn man manuelle Techniken, wie Schreiben oder Zeichnen, durch andere Techniken, wie Erbsenlegen, Stäbchenzusammensetzungen, Tonformen vorbereitet, und es ist schon gar nichts, rein gar nichts für die Arbeitsschule gesagt, wenn man die geistreiche Unterscheidung von »Werkstättenunterricht« und »Werkunterricht« macht, und nur den Arbeitsunterricht in der Form des Werkunterrichts gelten läßt.

Der Werkstättenunterricht kann den vollendeten Geist der eben definierten Arbeitsschule widerspiegeln, der Werkunterricht nicht und umgekehrt. Was heute unter den Titeln »Arbeitsprinzip« und »Werkunterricht« in den Volksschulen als Bildungsgeist umgeht, mag als Veranschaulichungs- oder Betätigungsprinzip oder als »Spielprinzip« (denn auch das ist bei kleinen Schülern durchaus nicht zu verdammen) in mäßigem Umfange gebilligt, ja empfohlen werden, aber mit dem Begriffe »Arbeitsschule« hat es nichts zu tun. Schon Basedow hat erleben müssen, daß Buchstabenformen aus Brotteig weder die Lese- noch die Schreibfertigkeit gefördert haben. Druck- und Schreibschrift haben gewiß auch ihre nationale wie persönliche Struktur. Auch in ihnen steckt ein bestimmter objektiver Geist. Aber diesen von seinen ersten Anfängen an zu erarbeiten, ist keine Aufgabe der Schule.

Es gibt andere Methoden, welche die durch solche Dinge erstrebte Arbeitsteilung, nämlich der Einführung in das Formsehen und der Einführung in das Form-Darstellen, ebenfalls aufgreifen, aber sich gegen die Psychologie des Arbeitsunterrichtes nicht versündigen. Wer solche Methoden kennen lernen will, dem empfehle ich die Lektüre von Maria Montessori: »Il Metodo della Pedagogia Scientifica«, Città di Castello, Lapi 1910. Bloße manuelle Betätigung ohne Rücksicht auf die feinen physischen und psychischen Zusammenhänge im inneren Verlauf der Betätigungsprozesse und ohne Rücksicht auf die damit verbundene systematische Willensschulung und Urteilsklarheit ist, wie sehr sie den Stempel äußerlicher Arbeit tragen mag, kein Kriterium der Schule, die wir Arbeitsschule nennen wollen.

Als Methoden der Veranschaulichung, als Mittel der Sinnesbildung, als Befriedigung des so lebhaften Tätigkeitstriebes der Kinder, als Belebungsmittel des gesamten Unterrichts können derartige manuelle Beschäftigungen nützlich, bisweilen notwendig werden. Aber damit ist unserer Schule kein neues Bildungselement zugeführt. Es ist höchstens eine alte Forderung erfüllt, die grob vernachlässigt worden ist. Erst wenn manuelle Tätigkeit zur Erarbeitung gewisser Kulturgüter als systematisches Werkzeug der Willensbildung und Urteilsschärfung gehandhabt wird, und selbstverständlich wenn sie nur dort gehandhabt wird, wo dies der Natur der Sache nach notwendig und der Natur der Seele nach möglich erscheint, erst dann liefert sie ein Bildungselement, das unserer Schule bisher fremd war. Das ist aber nur dann der Fall, wenn sie auf jeder Stufe die j e w e i l s   v o r h a n d e n e   A u s d r u c k s f ä h i g k e i t   d e r   g a n z e n   P s y c h e   d e s   K i n d e s   z u r   p r ä z i s e n   W i e d e r g a b e   d e s s e n   v e r a n l a ß t ,   w a s   e s   s p o n t a n ,   a u s   e i g e n a r t i g e m   I n t e r e s s e   h e r a u s   e m p f i n d e t ,   s i e h t ,   d e n k t   u n d   f ü h l t ,   u n d   w e n n   s i e   d e m g e m ä ß   i n   i h r e r   A n f o r d e r u n g   a n   d i e   G e s c h i c k l i c h k e i t   u n d   G e n a u i g k e i t   d e s   A u s d r u c k s   S c h r i t t   f ü r   S c h r i t t   h ö h e r e   A n f o r d e r u n g e n   s t e l l t .

Ein besonderes Gebiet der Arbeitsschule ist nun auch der Arbeitsunterricht im Sinne der m a n u e l l e n   Arbeit. Er ist vor allem ein Unterrichtsfeld der Volksschule, weil eben die psychische Form des praktischen Verhaltens die Grundstruktur der kindlichen Seele ist. Nun gibt es Schulmänner, welche einen solchen manuellen Arbeitsunterricht zwar als Betätigungsp r i n - z i p in gewissen anderen Unterrichtsfächern zulassen, nicht aber als eigentliches Unterrichtsfach.

Aber Arbeitsunterricht als Prinzip und Arbeitsunterricht als Fach gehören zusammen wie Griff und Klinge des Messers. Überall, wo die Förderung des technischen Ausdrucksvermögens zum Unterrichtsprinzip erhoben wird, ist die entsprechende technische Schulung eine unabweisbare Notwendigkeit. M a - n u e l l e n Arbeitsunterricht überhaupt abzulehnen, ist konsequent, wenn auch unpsychologisch; ihn aber als methodisches Prinzip zuzulassen, dagegen als Fach zu verdammen, das ist gedankenlos. Seit Pestalozzi ist Pflege des sprachlichen Ausdrucksvermögens sowohl Unterrichtsprinzip als Unterrichtsfach. Die Forderung »jede Stunde eine Sprachstunde« würde wenig Zweck haben, hätte die Schule nicht zugleich besondere Fachstunden für die Schulung des sprachlichen Ausdruckes. Wir fordern nicht bloß Korrektheit der mündlichen und schriftlichen Ausdrucksweise in allen Unterrichtsstunden, wir widmen außerdem einem besonderen f a c h l i c h e n Sprachunterricht eine recht beträchtliche Unterrichtszeit. Der von mir vor vielen Jahren aufgestellte und jetzt allgemein gebilligte Satz: »kein Sachunterricht ohne Zeichnen« würde für die Entwicklung der graphischen Ausdrucksfähigkeit und des ästhetischen Sinnes geradezu verhängnisvoll werden, hätten wir nicht zugleich auch einen rein fachlichen Zeichenunterricht, der im Schüler systematisch gewisse technische Fertigkeiten erzieht, ohne welche sein Ausdrucksvermögen höchst stümperhaft bleiben müßte. Würden wir Rechnen bloß als Unterrichtsprinzip anerkennen ohne besondere technische Übungen im Rechnen, wir würden bald die Erfahrung machen, daß der verschwommene Inhalt der so gewonnenen Zahlvorstellungen sie mehr und mehr untauglich macht zur Aufhellung sachlicher Begriffe. Unsere Mädchenreigen in den Oberklassen der Volksschule werden ohne systematische Übungen, welche erst dem Willen die Macht geben, das Muskelspiel zu beherrschen, ewig auf dem Niveau des harmlosen Kinderspieles bleiben. Nun ist aber das räumliche Ausdrucksvermögen, wie es in der manuellen Technik sich äußert, als bloßes Vermögen der Seele betrachtet, in nichts, rein gar nichts von den beiden andern Vermögen des sprachlichen oder graphischen Ausdruckes verschieden. Wenn einzelne es für minderwertig halten in Hinsicht auf den Zweck der Erziehung gegenüber den beiden andern, so kann man das zur Not noch begreifen. Wer es aber schätzt und seine Pflege als Erziehungsmittel für notwendig erachtet, der muß die gleichen Konsequenzen ziehen, die er bei der Pflege der andern Ausdrucksvermögen fordert. Mit diesen Erwägungen kommen wir auf ein neues Grundmerkmal der rechten Arbeitsschule als einer Schule der Charakterbildung.

V. DER FACHLICHE ARBEITSUNTERRICHT UND DER TECHNISCHE LEHRER

Was immer die Schule in Verfolgung ihrer Zwecke unternimmt und wie immer die Schule ihre unterrichtlichen und erziehlichen Unternehmungen einleitet, es gehört zum Wesen der Schule, immer größeren Nachdruck auf die sorgfältige Ausführung aller Tätigkeit zu legen, durch welche sie Wille, Verstand und Feinfühligkeit entwickeln will. Die Erziehung der Willensstärke verlangt unweigerlich, daß keine Arbeit des Kindes Hand verläßt, die nicht den Stempel der geistigen oder manuellen Anstrengung trägt. Darin unterscheidet sich wesentlich die manuelle Betätigung der Volksschule von der des Kindergartens, in dem das reine Kinderspiel die Lebensluft des Erziehungsbetriebes ist. Es ist von allerschlimmstem Einfluß auf die Willenserziehung, wenn die Kinder einer Schule 7 bis 8 Jahre hindurch auch nur in einem, geschweige in mehr oder gar allen Unterrichtsgebieten sich angewöhnen, eine Sache »so annähernd« oder »beinahe« recht zu machen, und nichts verleitet mehr dazu – ohne daß dies absolut notwendig wäre – als der sogenannte Arbeitsunterricht als Prinzip. Denn in neunzig von hundert Fällen artet er in sogenanntes Basteln aus und verharrt durch eine Reihe von Klassen in sorg- und mühelos spielendem Dilettantismus. Die ganze Willenserziehung des Menschen ist eine Integration von unendlich vielen, unendlich kleinen, immer im gleichen Sinne gerichteten Anstrengungen der willkürlichen Aufmerksamkeit. In sittlichen Kämpfen des späteren reifen Lebens bleibt der am ehesten Sieger, dem es am besten gelingt, immer wieder seine willkürliche Aufmerksamkeit auf die sittlichen Motive zu lenken, die den Entschluß zur Tat auslösen sollen. Die Aufmerksamkeit willkürlich festzuhalten, fällt, wie wir alle wissen, den Kindern unendlich schwerer als den Erwachsenen. Sie lernen dieses schwierige Geschäft aber nicht, wenn man ihnen immer wieder gestattet, ihre manuellen Arbeiten »so beinahe« richtig zu machen; wenn man ihnen alle Schwierigkeiten und Kämpfe mit dem Material und Werkzeug, alle physischen Anstrengungen und alle geistigen Überlegungen schenkt. Noch mehr! Es nisten sich Gewohnheiten der Selbstzufriedenheit mit der eigenen mühelosen Arbeit ein, trotz aller Unvollkommenheit, die ihr anhaftet. Wir erziehen Dilettanten und keine Arbeiter.

Dieser Gefahr nun wird im wesentlichen vorgebeugt, wenn ein systematischer fachlicher Arbeitsunterricht, der das Kind vom ersten bis achten Schuljahr begleitet, durch die Strenge seiner Anforderungen an die Sorgfalt und Genauigkeit einer der jeweiligen kindlichen Leistungsfähigkeit angepaßten Arbeit das Kind in seine milde, aber doch unnachsichtliche Zucht nimmt. Die geistigen, sittlichen und manuellen Gewohnheiten, die in ihm erworben werden, übertragen sich unweigerlich auf die manuelle Betätigung in den übrigen Unterrichtsgebieten und verdrängen dort den schädlichen Dilettantismus. Die so erzogenen Kinder lehnen es dann überhaupt ab, Arbeiten, die sie nur unvollkommen erledigen können, auszuführen. Dagegen suchen sie die gleiche Sorgfalt des Ausdruckes, der ihnen im fachlichen Arbeitsunterricht zur Natur geworden ist, auf die ihnen im übrigen Unterricht gestellten Aufgaben zu übertragen, sofern ihre Reife und ihr I n t e r e s s e ihnen entspricht. Ein klarer Beweis hierfür ist die nahezu automatisch sich einstellende Unlust am Zeichnen bei den Kindern im zehnten bis zwölften Lebensjahre, sofern bis dahin nicht die graphische Ausdrucksfähigkeit sorgfältig geschult wurde oder die Schulung zu keinem befriedigenden Ergebnis geführt hat. In beiden Fällen hört um diese Zeit das von fast allen Kindern so gerne getriebene Spiel des Zeichnens ganz von selbst auf.

Sprache und Gebärde, Zeichnen und Modellieren (Modellieren im allgemeinen Sinn genommen mit irgendwelchem Material) sind Ausdrucksmittel. Sie alle dienen der Willenszucht und der Urteilklärung nur dann, wenn eine systematische Schulung den Zögling lehrt, seine Ausdrucksfähigkeit zu steigern und ihn gewöhnt, im Schweiße seines Angesichts für jeden Gedanken den allein zutreffenden Ausdruck mit möglichster Selbständigkeit zu finden und jeder gedachten Form die dem Materiale zugängliche Vollendung zu geben. Darin allein ist das Wesen des Arbeitsunterrichts als Prinzip zu suchen.

Die Richtung, die unser Charakter nimmt, hängt nicht zum geringen Teile auch davon ab, wie wir unsere tägliche Arbeit tun.

Jede oberflächliche Arbeit, die unsere Hand verläßt, jedes »Ungefähr-Machen«, das wir uns erlauben, drückt sich in unserer Willensentwicklung ab. Solange das Kind wirklich spielt und spielen darf, ist alles »Andeutungsweise-Machen« nicht nur erlaubt, sondern notwendig. Denn im reinen Kinderspiel liefert die manuelle Tätigkeit nur die Unterlage für die frei spielende Phantasie. Die Arbeitsprodukte haben hier symbolische Bedeutung. Sie sind nicht Zweck der Tätigkeit. Aber die Schule muß ja das Spiel in Arbeit verwandeln, und hier haben die Arbeitsprodukte Wirklichkeitswert. Hier sind sie ausgesprochene Zwecke der Tätigkeit, und da der Charakter lediglich durch Handeln sich bildet, so muß es der Erzieher größte Sorge sein, daß alles Handeln den Stempel der gründlichen Überlegung, der größten Sorgfalt und der absoluten Ehrlichkeit trägt. Dabei kommt es gar nicht darauf an, was wir unsern Zögling tun lassen, in welcher Technik wir seine manuelle Geschicklichkeit und Ausdrucksfähigkeit entwickeln. Eine oder zwei Techniken genügen vollkommen. Alles, was wir fordern können, ist nur das eine, daß die gewählten Techniken zu immer größerer, von dem Zögling selbst durch mechanische Mittel kontrollierbarer Genauigkeit sich entwickeln lassen. Weil diese Eigenschaften dem Modellieren in Ton, soweit es vom sechs- bis zwölfjährigen Kinde gefordert werden kann, im allgemeinen nicht anhaften, darum erachte ich diese Technik im Gegensatz zum Modellieren in Pappe, Holz, Metall als ungeeignet für die Volksschule. Alle Apostel der Arbeitsschule mögen sich bewußt bleiben, daß es ein Verbrechen an unserer deutschen Schule ist, das Arbeitsprinzip auf einen anderen Boden zu stellen als auf den der Gründlichkeit und Zuverlässigkeit, der beiden Eigenschaften, denen unser deutsches Volk seine wesentlichsten Erfolge verdankt. Die in unseren Versuchsklassen in München in dieser Richtung gemachten Erfahrungen, daß selbst den sechsjährigen Kindern die Forderung größter Genauigkeit die Arbeitsfreude nicht im geringsten zu schädigen vermag, im Gegenteil sie von Monat zu Monat steigern läßt, geben mir vollkommene Gewähr dafür, daß vom Beginn der Schularbeit an dieser Weg mit bestem Erfolge betretbar ist.

Indem aber unser Arbeitsprinzip auf diesem Boden sich verankert, steht es naturgemäß der Forderung entgegen, die vom

B e g i n n alles Unterrichtes an die f r e i e Betätigung der manuellen und geistigen Kräfte zum System erhebt. Wer die Ausdrucksmittel nicht beherrscht, wird auch die einfachsten Dinge nicht auszudrücken vermögen. Die mechanische Übung im systematischen Gebrauch der Ausdrucksmittel ist die unerläßliche Voraussetzung für wertvolle freie Betätigung, für jede produktive Arbeit. (Vgl. meine Abhandlung »Produktive Arbeit und ihr Erziehungswert« in »Grundfragen der Schulorganisation«, B. G. Teubner, Leipzig.) Die Einführung in den Gebrauch der Ausdrucksmittel geschieht auf allen Gebieten auf dem Wege der Nachahmung. Selbst jene Menschen, welche die allergrößte Tiefe des Ausdruckes besaßen, unsere hervorragenden Künstler, waren zu Beginn ihres Schaffens im wesentlichen Nachahmer (Dürer, Raffael). An dem sorgfältigen, unermüdlichen Studium der Ausdrucksmittel und Ausdrucksmethoden anderer hat sich ihre Kraft entfaltet und schließlich jene Freiheit und Gewalt gewonnen, die uns völlig neue Kunstwerte schenkte. Erst wenn der Zögling eine genügende Sicherheit im Gebrauch der Ausdrucksmittel erworben hat, soll der Erzieher der eigenen Initiative des Zöglings immer freieren Spielraum gewähren. D a s   i s t   d e r   z w e i t e   F u n d a m e n t a l s a t z   f ü r   d i e   D u r c h f ü h r u n g   d e s   A r b e i t s p r i n z i p s . Natürlich widerspricht es diesem Grundsatz nicht, wenn die Schule vom Anfang ihrer Tätigkeit gelegentlich immer wieder dem Schüler die Möglichkeit freier Betätigung gibt, teils in Anknüpfung an die oft noch ungebrochene Spielfreude des Kindes und der aus ihr quellenden belebenden Anregung für ernstere Tätigkeit, teils um den Schüler selbst den Mangel an Beherrschung der Ausdrucksmittel von Zeit zu Zeit fühlen zu lassen. Nichts ist zu erinnern, wenn wir ab und zu in den Unter- und Mittelklassen außerhalb des systematischen Arbeitsplanes für die Entwicklung des graphischen Ausdruckes irgendwelche aus der freien Initiative des Kindes entspringende Zeichnungen zulassen. Dagegen erdrosselt das b e s t ä n d i g e Illustrieren und planlose Darstellen nur zu leicht die schwachen Begabungen der graphischen Ausdrucksfähigkeit, wie sie gewöhnlich in den Massen vorhanden sind.

Wenn wir aber im Interesse der Charakterbildung eine derartige Behandlung des Arbeitsprinzips für geistige und manuelle

Arbeit verlangen, und wenn uns andernteils der Zweck der Volksschule unmittelbar darauf führt, der sorgfältigen Entwicklung der rein praktischen manuellen Begabungen durch Einführung eines besonderen Unterrichtsfaches Rechnung zu tragen, wenn andererseits die Lehrerbildung unmöglich mehr weiter mit gründlicher Einführung in technische Fertigkeiten belastet werden kann, welche Konsequenz folgt daraus? Es muß glatt ausgesprochen werden, daß wir in der Arbeitsschule neben dem t h e - o r e t i s c h w i s s e n s c h a f t l i c h durchgebildeten Lehrer noch einen zweiten Lehrer nötig haben, den t e c h n i s c h durchgebildeten.

Einen anderen Ausweg gibt es nicht. Dieser technische Lehrer kann für die obersten Klassen der Volksschule bei sorgfältiger Auswahl und nachträglicher pädagogischer Schulung direkt aus der gewerblichen Technik genommen werden. Wir haben in München die besten Erfahrungen damit gemacht, ebenso wie Paris oder Stockholm. Eine endgültige Lösung ist aber dieser Weg nicht. Die endgültige Lösung werden uns technische Lehrer bringen müssen, welche die analoge seminaristische Ausbildung haben wie die wissenschaftlichen Lehrer. Es ist durchaus möglich, wenigstens für die Zwecke der eigentlichen Volksschule (für die anschließende Fortbildungsschule würde es allerdings nicht ausreichen) auf dem bisherigen Lehrerbildungswege durch gewisse Modifikationen der Lehrpläne technische Lehrer zu erziehen. Die »Manual Training High Schools« der Vereinigten Staaten Amerikas, die so viele technische Lehrer für die Volksschule sowohl als auch für die Manual Training High School selbst vorbereiten, liefern einen glänzenden Beweis hierzu. Das Seminar für technische Lehrer, das sich an die Präparandenschule oder an die sechsklassige Realschule (deren Unterricht ich mir selbstverständlich gleichfalls auf praktische Arbeiten ausgedehnt denke) anschließt, hat das Schwergewicht seiner Unterweisung neben der gründlichen Einführung in Pädagogik, Psychologie und Ethik nur auf die praktisch-technische Erziehung in Verbindung mit Physik und Chemie zu legen, während das Seminar für die theoretisch durchzubildenden Lehrer neben den pädagogischen Lehrfächern und ihren Hilfswissenschaften den Unterricht in Literatur, Geschichte, Geographie wie bisher weiterpflegt. Man kann wie in den Manual Training High Schools wie in den Manual Training High Schools beide Seminare in einer einzigen Anstalt vereinigen. Denn das eine große Hauptunterrichtsgebiet, die Pädagogik, mit allen ihren Zweigen, ist ja beiden Gruppen von Lehrern gemeinsam. Nur in dem zweiten großen Hauptgebiet von obligatorischen Unterrichtsfächern gehen die beiden Gruppen auseinander. Dabei bleibt es insbesondere den theoretisch auszubildenden Lehrern unbenommen, ja es dürfte ihnen sogar dringend zu empfehlen sein, freiwillig in einem fakultativen Unterricht, der eine geringe Zeit umspannt, ihre manuelle Geschicklichkeit weiter auszubilden. Denn der technische Lehrer soll ja später in der Volksschule nur die technischen Unterrichtsfächer einschließlich Zeichnen und vielleicht auch physikalischen und chemischen Laboratoriumsunterricht übernehmen, um so für den Schüler in allen technischen Fragen eine gründliche Schulung sicherzustellen. Soweit für den gesamten übrigen Volksschulunterricht die manuelle Betätigung grundsätzlich gefordert werden muß, weil die E r a r b e i t u n g des Bildungsgutes es notwendig oder wünschenswert macht, d. h. soweit mit dem gesamten übrigen Unterricht Arbeitsunterricht im Prinzip verbunden ist, bleibt diese Betätigung immer dem theoretisch gebildeten Lehrer vorbehalten. Der theoretisch gebildete Lehrer darf nie ganz ohne manuelle Geschicklichkeit sein, auch wenn er technisch nicht so ausgebildet werden kann, daß er den fachlichen Arbeitsunterricht mit der nötigen Gründlichkeit zu leiten verstünde. Wird dieser Weg der Ausbildung des technischen Lehrers gewählt, so dringt kein neues Element in die Volksschule ein, während die Ausbildung der Lehrer selbst für ihre besonderen Zwecke sehr viel gründlicher angelegt werden kann. Es ist mir immer ein Rätsel, wie die Volksschullehrer, im Gegensatz zu den akademischen Lehrern, mit dem nämlichen Atemzug die Einführung in immer mehr Gebiete des Wissens und der Technik und zugleich eine wesentliche Vertiefung ihrer Bildung verlangen können. Das sind zwei Forderungen, die sich grundsätzlich ausschließen.

Die Forderung technischer Lehrer bringt überdies auch der Volksschule gar nichts Neues. Der hier für die männliche Lehrerwelt zu betretende Weg ist in den allgemeinen Mädchenschulen längst beschritten, wo technisch und seminaristisch gebildete

Lehrerinnen seit einem Jahrhundert friedlich nebeneinander hausen. Niemand war es bisher auch nur im Traum eingefallen, gegen die technischen Lehrerinnen sich zu wenden. Und gerade der Staat Preußen ist der erste Staat Deutschlands gewesen, der Seminare für technische Lehrerinnen auf Staatskosten eingerichtet hat, und die Stadt Dortmund ist in selbständiger Weise nach dem Vorschlage Dornheckters unter Erweiterung des Bildungsbereiches der technischen Lehrerinnen diesem Beispiel gefolgt. Frankreich, England, Schweden und die Vereinigten Staaten haben den gleichen Weg auch längst in ihren Knabenschulen betreten. Soweit sie eigener Lehranstalten für technische Lehrer entbehren, wie in Frankreich, scheuen sie sich nicht, da wo es unbedingt nötig ist, nämlich in den Oberklassen, diesen Unterricht pädagogisch veranlagten Handwerkern e i n s t w e i l e n anzuvertrauen.

Und doch meinte Gutmann auf der 18. Hauptversammlung der bayrischen Lehrer zu Regensburg: »Als die schwerste Verirrung muß ein selbständig neben den übrigen Unterrichtsgegenständen hergehender und von Handwerkern geleiteter Handfertigkeitsunterricht angesehen werden.« Dieser aus innerer Überzeugung hartnäckige Gegner der Arbeitsschule ist aber sich wohl bewußt, daß die Lehrerbildung keine weitere Belastung mehr verträgt, sondern direkt nach Entlastung schreit. Daraus folgert er aber nicht, daß die Lasten auf zwei Schulterpaare zu verteilen sind, sondern daß die Volksschule jede Art fachlichen Arbeitsunterrichts weit von sich weisen muß. Dann sind aber auch alle unsere technischen Lehrerinnen für Handarbeits- und Schulküchenunterricht nur eine Folge der schwersten pädagogischen Verirrungen unserer Schulverwaltungen, dann sind auch die Fachzeichenlehrer vieler deutscher Volksschulen, die ausgezeichneten Turnlehrer der schwedischen Schulen, die Singlehrer vieler amerikanischer Schulen, die verschiedenen Typen der technisch gebildeten Haushaltungslehrerinnen, wie ich sie in Glasgow und Edinburg gesehen habe, aus den Mauern der Volksschule unbarmherzig zu verbannen, auch wenn es völlig unmöglich ist, j e d e n Lehrer außer zu einem Naturwissenschaftler, Geographen, Historiker und Germanisten auch noch zu einem gewandten Techniker, Turner, Sänger, Zeichner usw. auszubilden.

Ich meine, je eher der deutsche, seminaristisch gebildete Lehrerstand einsehen lernt, daß er einen gleich berechtigten, technisch gebildeten Lehrerstand zur Ergänzung unbedingt nötig hat, desto eher wird es auch möglich werden, seinen schmerzlichen Ruf nach tieferer Bildung zu erfüllen. Ich kann nur das eine sagen: Ob die Umwandlung der Volksschule in eine Arbeitsschule, die auch den manuellen Arbeitsunterricht als wohlgepflegtes Unterrichtsfach in ihren Bildungsplan aufnimmt, eine Umwandlung, welche kommen wird und kommen muß trotz aller Widerstände, sich zum Segen oder Unsegen unseres Volkes entwickeln wird, das wird davon abhängen, ob der technische Lehrer und mit ihm die von langjähriger Erfahrung und eingehendem Verständnis gebildete gewissenhafte manuelle Betätigung auch in unseren deutschen Knabenschulen Einzug halten wird oder nicht. Schwierigkeiten, die sich hierbei in ungeteilten Schulen einstellen, lassen sich in verschiedener Weise überwinden, ähnlich wie die Schwierigkeiten für den weiblichen Handarbeitsunterricht in den gleichen Schulen. Der technisch gebildete Lehrer ist die unmittelbare Konsequenz der Forderung, daß unsere Volksschule auch die ungeheuren Massen derjenigen in der Richtung eines sittlichen Charakters erziehen will, d e r e n i n t e l l e k t u e l l e K r ä f t e n i c h t a u s r e i c h e n, auch rein geistige Kulturgüter zu e r a r b e i t e n und damit aus der bloß geistigen Arbeit eine Schulung ihres Charakters zu gewinnen. Unsere Hilfsschulen, deren Handfertigkeitsunterricht so vielfach (nicht überall glücklicherweise) über den Pegel der Spielerei nicht hinaussteigt, werden sehr viel besser noch organisiert werden können, wenn auch dort der pädagogisch durchgebildete technische Lehrer den heutigen Dilettanten ersetzt.

VI. ZUSAMMENFASSUNG UND SCHLUSSBETRACHTUNG

Das aber ist die Sehnsucht und die Sorge aller ernsten Reformer unserer Tage, daß unsere Volksschule ein Werkzeug für Charakterbildung werde, auch für die überwiegend große Zahl der geistig schwächer Veranlagten. Die Erfahrungen des vergangenen Jahrhunderts haben uns gelehrt und lehren es immer mehr, daß die Pflege des gedächtnismäßigen Wissens, das nur zu sehr den Geist unserer allgemeinen Volks- und höheren Schulen beherrscht, nicht zu jener Volks- und Menschenbildung führt, welche die modernen Staaten von Tag zu Tag nötiger haben. Sie haben uns gelehrt, daß das Schwergewicht aller Schulen, weit weniger auf Anhäufung des W i s s e n s als auf die Entwicklung von geistigen, moralischen und manuellen F ä h i g k e i t e n zu legen ist, daß sie mechanische, aber von Einsicht in ihre Zweckmäßigkeiten getragene Fertigkeiten auszubilden haben, welche der lebenspendenden produktiven Arbeit allzeit bereite, getreue und gewissenhafte Diener liefert zur Vollendung der vom schaffenden Geist diktierten Werke, und daß dieser Weg der Ausbildung für einen großen Teil unserer Bevölkerung der einzige ist, der in diesem Teil Männer und Frauen von starkem, ehrlich gerichtetem Willen zu erzeugen vermag.

I n d e m   d i e   A r b e i t s s c h u l e   d i e   S c h u l e   d e r   s e l b s t ä n d i g e n   E r a r b e i t u n g   d e r   B i l d u n g s g ü t e r   i s t, in dem Sinne, wie ich es in Kap. IV ausgeführt habe, u n d   z w a r   e i n e r   E r a r b e i t u n g   d u r c h   d i e   G e s a m t h e i t   d e s   S e e l e n l e b e n s,   i s t   d i e   A r b e i t s s c h u l e   j e n e   O r g a n i s a t i o n   d e r   S c h u l e,   d e r   d i e   C h a r a k t e r b i l d u n g   ü b e r   a l l e s   g e h t. Gerade dieses Zweckes halber sucht sie in ihrem Unterrichtsbetrieb Ernst damit zu machen, die Massenhaftigkeit und die damit notwendig verbundene Oberflächlichkeit des Wissens aus der Schule zu verbannen. Indem sie dabei einen Organisationsbetrieb des Unterrichtes sucht, der dem Kinde gestattet, möglichst viel Erfahrungswissen zu sammeln, baut sie von selbst der unmäßigen Zufuhr von bloß überliefertem Wissen eine Mauer entgegen. D e r   S i n n   d e r   A r b e i t s s c h u l e   i s t,   m i t   e i n e m

Minimum von Wissensstoff ein Maximum von Fertigkeiten, Fähigkeiten und Arbeitsfreude im Dienste staatsbürgerlicher Gesinnung auszulösen.

Ausgehend von dem äußeren höchsten sittlichen Gut im sittlichen Gemeinwesen, dem Kultur- und Rechtsstaat der Ethik, haben wir gefunden, daß jede öffentliche Schule drei und nur drei Grundfragen zu lösen hat: 1. die Vorbereitung auf den zukünftigen Beruf des einzelnen im Staate; 2. die Versittlichung dieser Berufsbildung; 3. die Befähigung des Zöglings an der Mitarbeit der Versittlichung des Gemeinwesens selbst, dessen Glied er ist. Damit war die ethische Seite der Erziehungs- und Unterrichtsaufgabe der Schule bestimmt, die Richtung, welche die Charakterbildung einzuschlagen hat. Sie führte auf drei Forderungen:

a) In jedem Unterrichtsgebiet hat die Methode des Unterrichts, soweit das Bildungsgut es erlaubt, den Weg der Erarbeitung des Bildungsgutes zu gehen, und dieser Weg ist durch die geistige Struktur des Bildungsgutes vorgezeichnet.

b) Gehören zu den notwendigen Bildungsgütern einer Schule auch technische Bildungsgüter, so hat die Schule auch einen besonderen Arbeitsunterricht als Fach einzugliedern. Dies ist vor allem für die Volksschule unerläßlich.

c) Da moralische Eigenschaften nur innerhalb der sozialen Güter erarbeitet werden können, so ist für die Organisation aller Schulen das Prinzip der Arbeitsgemeinschaft überall, wo es sich durchführen läßt, ein Grundprinzip.

Die Forderung der Charakterbildung selbst ohne Rücksicht auf ihre ethische Richtung, vor allem die Bildung der Stärke und Festigkeit des Willens, der Klarheit des Urteils, ließ uns zunächst die Notwendigkeit von Freiheit und Mannigfaltigkeit der Betätigung auf allen Unterrichtsgebieten erkennen. Sie zeigte uns, daß auf allen Gebieten des durch eigene Erfahrung erwerbbaren Wissens die bisher begangenen Unterrichtswege in Wege der persönlichen Beobachtung und Erfahrung umzuwandeln sind, daß aber dieses Arbeitsprinzip, soweit es der manuellen Betätigung bedarf, nicht

mechanisch auf die Unterrichtsgebiete des n u r d u r c h Ü -
b e r l i e f e r u n g e r w e r b b a r e n W i s s e n s übertragen
werden darf. Sie lehrte uns weiter, daß der manuelle Arbeitsunterricht als Prinzip, sofern er nicht bloß der oberflächlichen Veranschaulichung, sondern auch der Charakterbildung dienen und ihr nicht direkt gefährlich werden soll, unwiderstehlich einen manuellen Arbeitsunterricht als Fach verlangt und damit auch an den Knabenabteilungen unserer deutschen Schulen einen neuen Typus von Lehrern, den technisch gebildeten Lehrer.

Endlich aber lehrt sie uns ein Letztes und Wichtigstes. Zu den Wurzeln der Charakterbildung gehört vor allem auch die Ausbildung der Urteilsklarheit, oder, was das gleiche ist, der logischen Denkfähigkeit. Sie ist nur erreichbar durch s e l b -
s t ä n d i g e g e i s t i g e A r b e i t . Die selbständige geistige Arbeit ist noch mehr ein Kennzeichen der Arbeitsschule wie die selbständige manuelle Arbeit. Nur hat sie in der Volksschule die allerbescheidensten Grenzen und selbst innerhalb dieser können noch viele nicht genügend gefördert werden. Sie ist trotzdem das
w e s e n t l i c h e Merkmal der Arbeitsschule, da ja auch die manuelle Arbeit zu selbständiger geistiger Tätigkeit schon im Rahmen der Volksschule anregen soll. Die selbständige geistige Arbeit verlangt aber möglichstes Zurückdrängen der alten Formen der Überlieferung von Wissen zugunsten aktiver Erarbeitung des Wissensstoffes überall da, wo und soweit es möglich ist. Dazu ist eine wesentliche Verminderung des gesamten Unterrichtsstoffes, weiterhin die Einführung von geeigneten g e i s t i g e n Arbeitsstätten und Bibliotheken für Geschichte, Geographie, Naturkunde und Raumlehre, endlich eine entsprechend geistige Schulung der seminaristischen wie technischen Lehrer unbedingt notwendig. Die Gewohnheiten des empirischen Denkens in Gewohnheiten logischen (oder, was das gleiche ist, wissenschaftlichen) Denkens umzuwandeln, das ist ein Grundmerkmal der Arbeitsschule, wie es eine Grundforderung der Charakterbildung ist.

Insoweit unsere höheren Schulen diese schwierigste aller Erziehungsaufgaben erfüllen, sind sie von selbst echte und rechte Arbeitsschulen. In der Fähigkeit, immer größere Gedankenketten mit logischer Strenge aneinanderzureihen zwecks Lösung geistiger Probleme, besteht das Wesen der sogenannten formalen Bildung. Nur vergessen wir immer, daß diese Fähigkeit sich nicht bloß dann zeigen soll, wenn wir am Schreibtisch in kühler Ruhe wissenschaftliche Fragen zu untersuchen haben, sondern vor allem auch im praktischen Verkehr mit den Menschen, wenn Vorurteile, Eitelkeit, Ehrgeiz, Leidenschaft die Wege unseres Denkens zu verlegen versuchen, wenn wir vor ganz unerwarteten Ereignissen stehen und plötzliche Entschlüsse nötig sind, wenn Liebe, Zuneigung, Freundschaft die kühle geistige Energie zu lähmen suchen. Die Erzeugung einer solchen F r e i h e i t unserer logischen Fähigkeiten erfordert ganz andere Einrichtungen als die bloße Beschäftigung mit Algebra oder Geometrie, mit Griechisch, Latein, Französisch oder Englisch. Daß diese Einrichtungen an unseren deutschen höheren Schulen fehlen, darin liegt eben ihr großer Mangel, und an diesem Mangel leiden nicht bloß die vielgeschmähten Gymnasien, sondern auch die vielgepriesenen Oberrealschulen. Ja die letzteren leiden meines Erachtens so lange noch in einem höheren Grade darunter, als ihre übermäßige Stoffüberladung die Schüler nicht einmal in der Ruhe der Studierstube zu festen Gewohnheiten des logischen Denkens in genügender Weise kommen läßt.

In der intensiven Beschäftigung besonders mit den alten Sprachen steckt ein ganz hervorragendes Stück Arbeitsschule für alle, deren angeborene oder anerzogene Interessen vom I n h a l t der alten Schriftsteller erfaßt werden. In keiner Güterreihe ist die tatsächliche E r a r b e i t u n g des Kulturgutes eine so selbstverständliche und kaum zu verfehlende Unterrichtsmethode als in der Reihe der fremdsprachlichen Kulturgüter, in der Übersetzung dichterischer, philosophischer, historischer Werke. Daß diese Arbeitsschule so oft nicht erfolgreich ist, hängt nicht wenig davon ab, daß der Betrieb des Unterrichtes diese Interessen nicht nur nicht zu entwickeln weiß, sondern vielfach direkt tötet. Ich spreche hier aus langer Erfahrung, nicht bloß aus Schülererfahrung, sondern noch mehr aus der Erfahrung als Lehrer am humanistischen Gymnasium. Es gibt tatsächlich wenige Schüler, die nicht ein natürliches Interesse für die Erzählungen Homers, für die Metamorphosen Ovids, für die lebendigen historischen Schilderungen Sallusts, für die Dramen des Sophokles, für die Oden,

Episteln und Satiren des Horaz, für die Germania oder für die Annalen des Tacitus haben. Aber wenn, sei es, daß die sprachliche Entwicklung der Schüler noch nicht weit genug gefördert ist, sei es, daß zu vielerlei durcheinander getrieben wird, die Lektüre solcher Werke sich über viele Monate, ja über ein ganzes Jahr oder gar deren zwei hinzieht, dann erlahmt selbst bei gutem Unterricht naturnotwendig das Interesse, und nur eine ganz selten große Lehrpersönlichkeit kann die kaum mehr glühenden Kohlen durch ihr eigenes Feuer immer wieder anfachen. Mit dem Erlahmen des Interesses am Inhalt aber verliert das Werkzeug der klassischen Sprache des Altertums den besten Teil seiner Kraft nicht bloß für die Erarbeitung des geistigen wie ästhetischen Gesamtbildes eines Werkes, sondern auch in Hinsicht auf die Schulung zum logischen Denken. Ist vollends der Lehrer auch noch ein langweiliger oder sonstwie ungeeigneter Mensch, dann regiert die hier zu leistende Arbeit höchstens noch der eiserne Zwang und die Furcht vor unvermeidlichen Folgen, und der scharfe logische Sinn der Schüler ist nicht mehr auf die schwierigen Stellen seiner Klassiker gerichtet, sondern lediglich noch darauf, wie er auf bequeme aber sichere Weise dem Zwang und der Langeweile entgehen kann. Das ist freilich auch eine logische Schulung, aber eine höchst ungewollte und unmoralische.

Es gibt wirksame Mittel, diesen Gefahren zu entgehen. Das eine wäre, jedes Werk unter Ausschaltung aller anderen gleichzeitigen Lektüre der nämlichen oder auch einer zweiten oder dritten Sprache, also unter Zuhilfenahme der ganzen den sämtlichen sprachlichen Zwecken eingeräumten Unterrichtszeit, die eine Woche bietet, so r a s c h , als es das scharfe Erfassen des Inhalts gestattet, v o l l s t ä n d i g durchzuarbeiten. Ist das Werk zu umfangreich, so müssen einzelne Teile in Übersetzung ganz oder auszugsweise vom Lehrer gegeben werden. Alles liegt daran, es in möglichst kurzer Zeit bis zum Schlusse zu lesen. Je jünger der Schüler ist, je kurzfristigere Ziele also das Interesse hat, desto wichtiger wird diese Forderung. Eine Lektüre der Odyssee, die sich über zwei oder gar drei Jahre erstreckt, trägt schon den Todeskeim in sich. Muß jeder Schüler jeden Vers präparieren? Können nicht Gruppen von Versen immer verschiedenen Schülern zugewiesen werden? Kann nicht der Lehrer selbst gewisse

Gruppen übernehmen? Sollte nicht hier der Platz sein, den Gedanken der Arbeitsgemeinschaft in Aktion zu setzen? Machen nicht freiwillige Schülerkränzchen schon längst das gleiche? Glaubt irgendein Schulmann, daß ein solcher literarischer Schülerverband auch nur ein halbes Jahr zusammenhalten würde, wenn er die literarische Kost eines Klassikers wochenweise in Teelöffelportionen einnehmen müßte wie der Kranke eine Medizin? Sobald die Homerlektüre beginnt, würde ich die lateinische Lektüre beiseite legen. Was schadet es, wenn vier bis fünf Monate hindurch Rom schweigt, solange Griechenland redet? Rom kann doch nachher um so besser wieder zu Worte kommen. Ich bin überzeugt, daß vor hundert und mehr Jahren, als die Schulbureaukratie noch nicht so entwickelt war wie heute, die lateinischen Schulen in der Mehrzahl nur auf diese Weise die alten Klassiker gelesen haben.

Ein zweites wirksames Mittel ist: der obligatorische stille l i - terarische Vormittag. Am alten Gymnasium in Frankfurt hat er noch, wie mir Geheimrat Risser, ein ehemaliger Schüler dieses Gymnasiums, mitteilt, bis zum Jahre 1873 existiert. Jede Woche kamen die Schüler der Prima einen vollen Vormittag im Lesesaal des Gymnasiums zusammen, um nach freier Wahl sich der zusammenhängenden Lektüre eines Werkes der alten Klassiker hinzugeben. Abwechselnd führten Lehrer und Rektor der Anstalt die Präsenz. Referate vor der Klasse über den Inhalt des Gelesenen schlossen die Arbeiten des einzelnen ab. Der Besuch des Lesezimmers war ebenso eine Pflicht, wie der Besuch des übrigen Unterrichts. Es ist mir durchaus verständlich daß ein solches Unternehmen von Haus aus einen ganz anderen Betrieb des Sprachunterrichts schon voraussetzt, als wir ihn heute vielfach finden. Die Interessen der Schüler mußten von vornherein für eine solche Arbeit gewonnen sein, sonst ergäbe sich aus einer solchen Einrichtung nur eine Reihe verlorener Vormittage. Daß ein solcher Vormittag möglich und erfolgreich ist, ist ein sehr viel besserer Beweis für die Güte der Anstalt als alle Ergebnisse von Absolutorialprüfungen. An solchen Schulen kann man auch die Beschäftigungsmöglichkeiten erweitern. Es wäre durchaus zulässig, in den beiden Primen die Lektüre der Schüler auch auf die deutschen Historiker und Dichter, auf die moderne Wirtschaftsgeschichte, auf die allgemeine Staatslehre oder ähnliches auszudehnen, je nach den frei ausgesprochenen Neigungen der Schüler. Die Hauptsache ist, daß das Gymnasium jedem seiner Schüler Zeit gibt, einer Lieblingsneigung nachzugehen, welche nicht bloß das logische Denken fördert, sondern auch die Seele mit wertvollem Inhalt versieht, und daß es, wie die alte Frankfurter Schule, diese Beschäftigung in vornehmer Weise überwacht. Zum Wesen der Arbeitsschule gehört die Erzeugung von überschüssiger Arbeitsfreude. Ob die höheren Schulen diesen Ehrentitel der Arbeitsschule verdienen, das erkennen wir daran, daß ihre reiferen Schüler nicht bloß die Lust, sondern auch die Zeit finden, sich freiwillig mit wissenschaftlichen Arbeiten gemäß ihren Neigungen zu beschäftigen.

Mit diesen Betrachtungen über die selbständige geistige Arbeit an Volks- und höheren Schulen sind für mich die notwendigen Merkmale des Begriffes der Arbeitsschule erschöpft. Man erkennt, daß die neue Schule weder einen Bruch mit der Vergangenheit bedeutet, noch Undurchführbares verlangt, und daß all das Gute, was uns die bisherige Schule gegeben hat, reichlich Platz findet im Rahmen der zukünftigen Entwicklung. Was sonst von der neuen Schule verlangt werden mag, entspringt Forderungen der Didaktik. Didaktische Fragen sind aber zum größten Teil Fragen der Logik, zum andern Teil Fragen der Kinderpsychologie, zum dritten Teile Fragen, die von räumlichen, zeitlichen und wirtschaftlichen Verhältnissen abhängen und von den Bildungszwecken, welche die Gemeinschaft mit der einzelnen Schule verfolgt. Dabei fasse ich »Didaktik« in einem viel weiteren Sinne als im Sinne der bloßen Lehre eines Unterrichtsvorganges. Ich kann nicht auf alle diese didaktischen Forderungen eingehen. Nur eine einzige will ich noch beleuchten, die Frage der Konzentration des ganzen Schulbetriebes. Im Prinzip ist sie für mich gelöst in der Forderung, daß die Schule eine Vorbereitungsanstalt sein soll für den zukünftigen Beruf des Zöglings. Das kann freilich sehr wenig bedeuten, wie in den Volksschulen der großen Stadt, wo die Schüler einer Klasse allen möglichen manuellen Berufen zuwandern, die überdies von vornherein gar nicht bekannt sind; es kann aber auch sehr viel bedeuten, wie in kleinen reinen Landgemeinden, wo Knaben wie Mädchen dem Beruf des

Landwirts bzw. der Hauswirtschaft entgegenwachsen. Daß Konzentration eine wesentliche Voraussetzung alles Erfolges ist, weiß jedermann. Aber nicht jene äußerliche Konzentration der Lehrplanschneider, sondern jene innere, die in einem und demselben Zeitabschnitt ihre Tätigkeit auf möglichst wenige Dinge richtet. Geradezu eine Verirrung der Konzentrationsidee aber ist es, die gegenwärtig landläufigen Unterrichtsfächer als Bildungskanäle überhaupt aufzugeben und den gesamten Wissensstoff in ein ganz willkürlich geordnetes System zu bringen. Alles menschliche Wissen hat sich im Laufe der Kultur von selbst in geschlossene, wohlgegliederte Reiche gespalten, genötigt durch die Organisation unserer psychischen Funktionen. Nur in der dem jeweiligen Wissensstoff inhärenten Gliederung entfaltet er die ihm eigentümliche Bildungskraft. Nur in der geistigen Struktur der Wissenschaftsgüter, wie aller Güter überhaupt, liegt ihr immanenter Bildungswert.

Nur indem der Geist der Schüler an dieser Struktur sich emporarbeitet, sofern dies seiner geistigen Veranlagung nach möglich ist, wird dieses Gut zu einem Bildungswerkzeug für ihn und verhilft ihm, die Gewohnheiten des logischen Denkens und die für die Charakterbildung notwendige Klarheit des Urteils zu entwickeln.

Diese übersichtlichen und durchsichtigen Kristallgebäude mit ihrer gesetzmäßigen Führung der Lichtstrahlen der Erkenntnis für Unterrichtszwecke zu zertrümmern und an ihre Stelle das diffuse Licht ihrer Scherbenhaufen zu setzen, das bringt nur der fertig, der keine Vorstellung hat von der Bildungskraft eines selbsterarbeiteten Systems geschlossener Erkenntnis. Selbst für den fachlichen Arbeitsunterricht ist der Unterrichtsgang zunächst durch sein eigenes Wesen bestimmt. Es kann keinen pädagogischen Sinn haben, den im Interesse einer immer stärkeren Willenszucht und einer immer sicherer werdenden Ausübung der elementaren mechanischen Arbeitsprozesse wohlgeordneten Gang seiner systematischen Entwicklung zu unterbinden, um eine sogenannte Konzentration mit allen übrigen Unterrichtsgebieten herzustellen. Nie darf diese Konzentration die ruhige Entwicklung gewisser später notwendiger Fertigkeiten stören. Das schließt natürlich durchaus nicht manuelle Betätigung in den sonstigen Unterrichtsbetrieben aus, ebensowenig wie der systematische Gang des Zeichnens, der gleichfalls ohne Rücksicht auf andere Fächer seine eigenen psychologisch fundierten Wege gehen muß, es ausschließt, daß aller Unterricht sich auch der graphischen Darstellung vom ersten Tage an als Ausdrucksmittel bedient.

Damit steht die Entwicklung unserer zukünftigen Schule in ihren wesentlichen Zügen klar genug vor unserem Auge. Ich habe nicht das Gefühl, daß wir, indem wir mit unserer ganzen Kraft dieser Entwicklung die Wege bahnen helfen, revolutionäre Neuerer sind. Ich habe im Gegenteil das Gefühl, daß wir alten, uralten pädagogischen Forderungen zum endlichen Siege verhelfen, indem wir streben, in unseren öffentlichen Volksschulen auch jenen ungeheuren Massen Bildung zu geben, für welche die ausschließlich geistige Arbeit kein Bildungsmittel sein kann. Was wir über eine notdürftige Einführung in den selbständigen Gebrauch von Schrift- und Zahlzeichen hinaus gegenwärtig diesen Massen geben, das ist nicht B i l d u n g, sondern B i l d u n g s l a c k, der sehr bald reißt und springt und bei der überwiegenden Zahl der Schüler innerhalb weniger Jahre sich vollständig abbröckelt. Denn ein Wissen, zu dessen Erarbeitung keine aus praktischer oder geistiger Arbeit erwachsenden Probleme, mögen sie auch allereinfachster Art sein, den Schüler d r ä n g e n, nach dem also kein innerliches Bedürfnis im Schüler vorhanden ist, das geht ebensowenig mit der Seele eine Verbindung ein wie der Asphaltlack, der auf eine Glasplatte gestrichen wird.

Was heute von uns so heiß und mit aller Klarheit erstrebt wird, war vor hundert Jahren schon von allen pädagogischen Köpfen schmerzhaft vermißt. In F i c h t e s Nachlaß, Band III, Seite 260 (Bonn 1834) finde ich folgende drastische Darstellung seiner Empfindung: »Kaum entwickelt sich des Kindes Organ zu dem ersten Lallen und bietet so unserer harrenden (Erziehung-)Kunst eine Blöße, so erhält es Worte statt der Dinge und Redensarten statt der Empfindungen. Bald werden ihm die l a u t e n Worte, ein der Anschauung noch immer zu nahe liegendes Schema, in t o t e B u c h s t a b e n verwandelt, bis durch Geläufigkeit auch diese ihre festen Formen verlieren und die Kinder in einem Meere von ungeformtem Buchstabenelement, als ihrer eigentlichen Welt, schwimmen.... Die höchste Kunst der Erziehung ist dann die, ja auf keinem Schatten niederer Potenz den Zögling einen Augenblick verweilen zu lassen ..., sondern ihn schnell zum Schatten des Schattens und zum Schatten wiederum des letzteren und so immer weiter fort zu treiben.... Auf diese Weise ist dann der Generation nur noch eine Nebel- und Schattenwelt ohne irgendeinen sie tragenden Kern v o n A n s c h a u u n g, W a h r h e i t   u n d   R e a l i t ä t übrig geblieben.«

Vor allem habe ich das Gefühl, daß wir in unseren Bestrebungen ganz im Geiste dessen handeln, der so viel gepriesen und so wenig verstanden wird, der uns in Lienhard und Gertrud, in den Briefen an Heinrich Geßner und besonders im Schwanengesang so oft gelehrt hat, daß nur »die Arbeit in der das Kind umgebenden Welt« der elementaren Volksschule ihre Bildungskraft gibt. Ja, ich wage es zu sagen: Ohne daß diese Worte sich genau so in seinen Werken finden, war Pestalozzi der felsenfesten Überzeugung, daß die Berufsbildung die Pforte der Menschenbildung ist.

Drei Generationen sind seit seinem Tode dahingegangen. Noch immer harrt sein Werk der Vollendung. »Ich glaube es auszusprechen zu dürfen,« sagt er in seiner Rede an sein Haus am 12. Januar 1818, »das Jahrhundert, bei dessen Anfang unsere pädagogischen Nachforschungen begonnen, wird noch an seinem Ende die ununterbrochene Fortsetzung unserer Anstrengungen in Händen von Männern sehen, die ihre Ansichten und Mittel den vereinigten Kräften unseres Hauses danken.« Der Flugsand der Gedankenlosigkeit hat Berge über Wahrheiten geschüttet, die einst das Herz des unermüdlichen Forschers nach Menschenbildung erfüllten. Aber wirkliche Wahrheiten steigen immer wieder wie Geister aus ihren Grüften auf und wandern umher und beunruhigen die Herzen der Menschen, bis sie endlich Erlösung und Ruhe finden in der Verwirklichung des realen Lebens. Wir alle, die wir mit wissenschaftlichem Ernst und hingebender Energie einer Schulorganisation die Wege bahnen, die dem Vater der Volksschule vor Augen schwebte, bringen diesen Geistern die ersehnte Erlösung. Vielleicht wird dann das Ende des 20. Jahrhunderts das in Vollendung schauen und genießen, was er am Anfang des 19. Jahrhunderts in heißen Kämpfen und in bitterer Not seiner Erkenntnis abgerungen hat.

ANHANG: EIN ORGANISATIONSBEISPIEL FÜR STÄDTISCHE VOLKSSCHULKLASSEN

1. VORBEMERKUNGEN

Die Arbeitsschule im Geiste der vorstehenden Entwicklung ist in München in der gesamten Fortbildungsschule vollendet, in den obersten Klassen der Volksschule für Knaben und Mädchen angestrebt und teilweise durchgeführt. Für die systematische Durchführung in den übrigen Klassen der Volksschule war nur die königliche Schulbehörde zu haben; die städtischen Kollegien dagegen haben die relativ wenigen hierzu nötigen Mittel auf Antrag eines Lehrers verweigert. Nur für die Bildung zweier Versuchsreihen von je vier aufsteigenden Klassen haben sie im Jahre 1910 Mittel bereitgestellt. Die eine Reihe sind vier aufsteigende reine Knabenklassen, die andere Reihe vier aufsteigende, aus Knaben und Mädchen gleichmäßig gemischte Klassen. Eine dritte Reihe von reinen Mädchenklassen wurde nicht genehmigt. Aber auch die genehmigten Versuchsklassen konnten noch nicht das Ideal der Arbeitsschule verwirklichen. Sie waren gebunden an den offiziellen Lehrplan der normalen Schulklassen und hatten nur innerhalb seiner traditionellen Fächer Bewegungsfreiheit im Dienste der Arbeitsschulidee. Nur vier Jahre konnten sich die Versuchsklassen entfalten, gerade lange genug, um das nachfolgende Bild gewinnen zu lassen. Die Kriegsjahre erlaubten dann nur mehr wenige Klassen durchzuführen; der trostlose Friede wird auch diesen wenigen Klassen ihr Ende bereiten, wiewohl ich den ganzen Versuch in die Hände der Münchner Lehrerschaft mit meinem Ausscheiden aus dem Dienste gelegt habe.

Die Ablehnung einer Durchführung im großen Stil, wie bei der Fortbildungsschule, war teils auf die – wie wir nachher sehen werden – unbegründete Furcht vor zu großen Ausgaben, teils vielleicht auch auf die berechtigte Sorge um die Erhaltung von Bildungswerten der heutigen Buchschule zurückzuführen. Diese Sorge war vielleicht veranlaßt durch die teilweise freilich recht verkehrten Vorschläge, welche die Literatur über die Arbeitsschule gebracht hat, und durch die tatsächlichen mißverständlichen Auffassungen vom Wesen der Arbeitsschule, wie sie in ganz

Deutschland beobachtet werden konnten.

Ich betrachte die Ablehnung, sofern nur die Versuchsklassen in Zukunft ernstlich gefördert werden, nach ruhiger Überlegung als kein Unglück mehr. Denn der Geist der Arbeitsschule verlangt eine wesentlich andere Lehrerbildung als die heutige. Solange die Lehrer selbst noch in Buchschulen erzogen werden, werden es immer nur wenige sein, die aus eigener Kraft in das Wesen der Arbeitsschule eindringen. Sind aber die Lehrerseminare erst einmal vom Geiste der Arbeitsschule erfüllt, dann wird sich dieser Geist unwiderstehlich auch in der Volksschule Bahn brechen. Denn die zur Durchführung nötigen Mittel sind nicht so groß, daß sie ein wesentliches Hindernis bilden könnten. Dies zeigt die Organisation der Versuchsklassen, die gegenwärtig in München im Gange sind, und die ich in Kürze nun hier schildern will.

Wenn die Arbeitsschule tatsächlich einen wesentlichen Fortschritt bedeutet, wenn die Durchführung des Arbeitsprinzips das aktive Interesse der Schüler an allen Unterrichtsgegenständen erhöht, so muß notwendigerweise in der Arbeitsschule bei geringerer Unterrichtszeit das gleiche erreicht werden können wie in der bisherigen Schule mit ihrer g e r i n g e r e n Aktivität der Schüler, aber größeren Unterrichtszeit. Demgemäß wurde die Unterrichtszeit in den beiden Unterklassen (erstes und zweites Schuljahr) einer Volksschule um etwa vier bis fünf Stunden verkürzt. Dagegen war es notwendig, die Klassen, die zwischen 44 und 50 Kindern zählten, in einer Anzahl von Unterrichtsstunden in zwei Abteilungen zu teilen, deren jede getrennt unterrichtet wurde. Denn das tatsächliche E r a r b e i t e n von neuen Vorstellungen und die hierbei in gewissen Fächern notwendige manuelle Betätigung läßt sich nur mit einer mäßigen Schülerzahl durchführen. Eine d u r c h g ä n g i g e Teilung der Klasse, also eine Festlegung der Klassenziffer auf 22 bis 25 Schüler, ist durchaus nicht notwendig. Wäre sie notwendig, so könnte heute kein Schulverwaltungsbeamter im Ernste die Arbeitsschule in Vorschlag bringen. Der Hinweis auf die relativ kleinen Klassen in Schweden oder in Dänemark oder in gewissen Teilen der Vereinigten Staaten ist gedankenlos. Denn die relativ geringen Lehrergehälter dieser Länder erlauben kleine Klassen weit eher als die Lehrergehälter in den großen Städten Deutschlands. Eine auskömmliche Bezahlung des Lehrers und damit eine Sicherung der Lebens- und Arbeitsfreude ist aber auch für den Geist der Arbeitsschule viel wichtiger als die Festlegung einer so niederen Maximalfrequenz, die die Ausgaben für das Volksschulwesen einer Stadt wie München von 10 (im Jahre 1913) auf 20 Millionen mit einem Schlage anschwellen lassen würde. Eine durchgängig so niedrig gehaltene Maximalfrequenz ist aber auch gar nicht notwendig zur Durchführung der Arbeitsschule. Die Arbeitsschule hat ja nicht bloß die E i n f ü h r u n g in die Welt des Wissens, Könnens und Wertens zu übernehmen, sondern auch die E i n ü b u n g der durch die Einführung gewonnenen Kenntnisse, Fertigkeiten und Werte. Bei der Einübung aber spielen Schülerzahlen eine sehr viel geringere Rolle als bei der Einführung. Ja, selbst bei der Einführung gibt es Unterrichtsgegenstände, die jederzeit Schülerzahlen von 40 bis 50 Kinder zulassen, nämlich jene, in welchen es sich nur um die Einführung in traditionelles Wissen handelt, das eben auch in aller Zukunft nur durch Wort und Buch erarbeitet werden kann, und wo das Buch und das an seinen Inhalt anknüpfende Nachdenken direkt die geistige Arbeitsstätte bildet. Hierher gehören Geschichte, Religionslehre, Gebiete des Sprachunterrichtes, sowie Teile des geographischen Unterrichtes.

Die Teilung der e r s t e n Versuchsklasse erfolgte für zwei Stunden im Anschauungsunterricht, für zwei Stunden im Rechnungsunterricht, für zwei Stunden im Schreibleseunterricht, für zwei Stunden im Handfertigkeitsunterricht. Während also die Schüler rund 17 Stunden Unterricht hatten, war die Klassenlehrkraft mit 23,5 Stunden, der Fachlehrer für Holzbearbeitung mit 4 Stunden belastet. Die Abteilung A der Klasse kam gewöhnlich um 9 Uhr zur Schule, die Abteilung B um 10 Uhr. Von 10 bis 11½ Uhr waren beide Abteilungen vereinigt. Um 11½ Uhr verließ die Abteilung A die Schule, während die Abteilung B bis 12½ Uhr jene Lektionen erhielt, welche für die Abteilung A bereits zwischen 9 und 10 Uhr angefallen waren. Nachmittags war nur am Montag und Donnerstag in je einer Stunde Unterricht, für die Abteilung A von 2 bis 3 Uhr, für die Abteilung B von 2^{40} bis 3^{40}.

Über die Anordnung der Unterrichtszeit für die erste Klasse, Abteilung A (und dementsprechend auch für die Abteilung B) gibt nebenstehende Wochentabelle Aufschluß.

Zu diesem Wochenstundenplan ist zu bemerken: Die Unterrichtszeiten sind in Minuten beigesetzt. Die Pausen zwischen den Unterrichtslektionen sind nicht angegeben. Die Unterrichtslektionen in Kursivdruck sind für beide Abteilungen A und B gemeinsam. Um aus dieser Wochentabelle den Unterrichtsplan für die Abteilung B zu erhalten, sind lediglich die gleichen Unterrichtsfächer, die für die Abteilung A von 9 bis 10 Uhr aufgeführt sind, für die Zeit von 11½ bis 12½ Uhr anzufügen; mit anderen Worten: die Abteilung A kam täglich von 9 bis 11½ Uhr, die Abteilung B von 10 bis 12½ Uhr am Vormittag, und außerdem die Abteilung A Montags und Donnerstags von 2 bis 3 Uhr, die Abteilung B an den gleichen Tagen von 2^{40} bis 3^{40} Uhr zum Unterricht. Nur am Mittwoch und Sonnabend waren beide Abteilungen von 9 bis 11½ Uhr gemeinsam, die Abteilung A am Mittwoch, die Abteilung B am Sonnabend noch weitere 30 Minuten anwesend. Vier Nachmittage waren unterrichtsfrei.

Wochenstundenplan der ersten Klasse

	Montag	Dienstag	Mittwoch	Donnerstag	Freitag	Samstag
			Vormittag			
9-10	Rechnen (30) Schreiblesen (30)	Anschauungs-unterricht (60)	Schreiblesen (30) Singen (30)	Rechnen (30) Schreiblesen (30)	Anschauungs-unterricht (60)	Schreiblesen (30) Singen (30)
10-11	Religion (60)	Schreiblesen (40) Turnen (20)	Rechnen (40) Turnen (20)	Religion (60)	Schreiblesen (40) Turnen (20)	Rechnen (40) Turnen (20)
11-12	Anschauungs-unterricht (30)	Rechnen (30)	Anschauungs-unterricht (30) Rechnen (Abt. A) (30)	Anschauungs-unterricht (30)	Rechnen (30)	Anschauungs-unterricht (30) Rechnen (Abt. B) (30)
			Nachmittag			
2-3	Schreiblesen (40) Turnen (20)	–	–	Schreiblesen (40) Turnen (20)	–	–

Wochenstundenplan der zweiten Klasse

	Montag		Dienstag		Mittwoch		Donnerstag		Freitag		Samstag	
	A	B	A	B	A	B	A	B	A	B	A	B
Vormittag												
8-9	Religion (60)		Holzbearbeitung (60)		-	Religion (60)	-	Rechnen (30)	Rechnen (30)	-	-	Rechnen (30)
9-10	Rechtschreiben (30) / Singen (30)		Holzbearbeitung (60)	Rechnen (30)	Lesen (30) / Rechtschreiben (30)		Turnen (30)	Anschauungsunterricht (30) / Singen (30)	Turnen (30) / Rechtschreiben (30)	Lesen (30)	Rechtschreiben (30) / Turnen (30)	Lesen (30)
10-11	Lesen (30) / Schönschreiben (30)	Rechnen (30)	Holzbearbeitung (60)	Holzbearbeitung (60)	Turnen (30) / Anschauungsunterricht (30)		Schönschreiben (30)	-	-	Anschauungsunterricht (30) / Rechnen (30)	Anschauungsunterricht (30) / Rechnen (30)	-
11-12	Rechnen (30)		-	-	Holzbearbeitung (60)	Rechnen (30)	-	-	-	-	-	-
Nachmittag												
2½-3	Rechnen (30)	-	-	-	-	-	-	Rechnen (30)	-	-	-	-
3-4	Ausschneiden (60)	-	-	-	-	-	-	Weibl. Handarbeit (60)	-	-	-	-

Die Teilung der z w e i t e n Versuchsklasse erfolgte in dem gleichen Zeitausmaße, wie in der ersten, im Rechnen, im Anschauungsunterricht und in der Handfertigkeit; sie unterblieb dagegen im Unterricht im Deutschen. Die weiteren Fragen in bezug auf die Verteilung der Unterrichtszeit auf die einzelnen Unterrichtsfächer beantwortet der S. 122 u. 123 abgedruckte Wochenstundenplan.

Für den einzelnen Schüler ergeben sich hierbei wöchentlich 18 Unterrichtsstunden, für die Klassenlehrkraft 23, für den Fachlehrer in Holzbearbeitung 4 Unterrichtsstunden. Für die Kinder waren fünf Nachmittage unterrichtsfrei, für die Klassenlehrerin deren vier.

Was die Teilung der d r i t t e n und v i e r t e n Klasse betrifft, so erstreckte sie sich auf zwei Rechenstunden, eine Unterrichtsstunde in der Heimatkunde und die beiden Stunden in Holzbearbeitung. Die Zahl der Unterrichtsstunden betrug für die Knaben 22; sie erhöhte sich auf 24 bei den Mädchen durch Einfügung von 2 Stunden Unterricht in weiblicher Handarbeit, der nunmehr einer besonderen Lehrerin übertragen wurde. Für den Klassenlehrer erwuchsen demnach 25 Stunden Unterricht, für den Fachlehrer in Holzbearbeitung vier, für die Fachlehrerin für weibliche Handarbeit zwei. Das sonstige Stundenausmaß ist aus der nachfolgend abgedruckten Wochenstundentabelle zu ersehen. In allen drei Wochenstundenplänen ist die dem Lehrgegenstande in Klammern beigefügte Zeit um die Pausen zu verkürzen welche für eine geeignete Erholung notwendig waren. An Stelle der Teilung einer Klasse in einem praktischen Unterrichtsgegenstand kann man auch in der ungeteilten Klasse gleichzeitig z w e i Fachlehrkräfte arbeiten lassen.

Wochenstundenplan der dritten und vierten Klasse

Vormittag

Zeit	Montag A	Montag B	Dienstag A	Dienstag B	Mittwoch A	Mittwoch B	Donnerstag A	Donnerstag B	Freitag A	Freitag B	Samstag A	Samstag B
8–9	Religion (60)	Religion (60)	Rechnen (60)	–	Holzbearbeitung (60)	–	Religion (60)	Religion (60)	Turnen (30)	Rechnen (60)	Lesen (60)	Lesen (60)
9–10	Rechtschreiben (60)	Rechtschreiben (60)	Aufsatz (60)	Aufsatz (60)	Holzbearbeitung (60)	Rechnen (60)	Rechtschreiben (60)	Rechtschreiben (60)	Heimatkunde (30)	Aufsatz (60)	Sprachlehre (30)	Sprachlehre (30)
10–11	Heimatkunde (30)	Lesen (30)	Sprachlehre (30)	Turnen (30)	Rechnen (60)	Holzbearbeitung (60)	Turnen (30)	Lesen (30)	Aufsatz (60)	Aufsatz (60)	Heimatkunde (60)	Heimatkunde (60)
11–12	Weibliche Handarbeit (60)	Weibliche Handarbeit (60)	Schönschreiben (30)	Bibel (30)	–	Holzbearbeitung (60)	Holzbearbeitung (60)	Weibliche Handarbeit (60)	Singen (60)	Singen (60)	Schönschreiben (30)	Bibel (30)

	Nachmittag					
2-3	–	Rechnen (60)	–	–	–	–
3-4	–	Heimat-kunde (60)	–	–	Rechnen (60)	–
					Heimat-kunde (60)	

Ich hätte diese Wochenstundenpläne übrigens nicht zum Abdruck gebracht, hätte ich nicht dadurch die tatsächliche Durchführbarkeit eines Vorschlages illustrieren wollen, den ich auch ganz ohne Rücksicht auf die Organisation der Arbeitsschule seit vielen, vielen Jahren empfehle, dessen Durchführbarkeit aber auch von meinen eigenen Schulleitern bezweifelt wurde. Ich meine die p a r t i e l l e K l a s s e n t e i l u n g. Wir sind aus ökonomischen Rücksichten noch auf lange Zeit hinaus genötigt, in den großen Städten Klassen bis zu 50, 60, ja in vereinzelten Fällen noch mehr Kindern zu bilden. In solchen Klassen lassen sich gewisse Zwecke noch fördern, andere Zwecke aber in keiner Weise. Es ist völlig ausgeschlossen, z. B. einen wirklichen Anschauungsunterricht auch nur bei 50 Kindern zu erteilen. Hier muß die Klasse wenigstens in den Beobachtungsstunden unbedingt geteilt werden. Es verursacht unendliche Mühe, Klassen von 50 oder 60 Kindern in gewisse Rechen- und Sprachbegriffe gemeinsam einzuführen. Die Einführung in das Schreiben und Lesen ist ebenfalls wesentlich erleichtert durch Teilung der Klasse im Schreiblesen. – Eine Teilung der Klasse in einigen Stunden wird die Aufgabe ungemein erleichtern, weil alsdann der Lehrer viel eher an den einzelnen Schüler herankommt, ganz abgesehen davon, daß die Aufmerksamkeit einer kleinen Schar mit einem Blick viel leichter zu lenken ist als die einer großen Schar. Von der notwendigen Teilung der Klasse im Zeichnen, in Physik, Chemie, Handfertigkeit, will ich gar nicht reden. Weil wir solche Teilungen nie vorgenommen haben, waren wir genötigt, die Menge der Stundenzahlen für einzelne Fächer in der Volksschule ständig zu vermehren, um auch große Klassen entsprechend vorwärtszubringen.

E i n s e h r v i e l g e s ü n d e r e r A u s w e g i s t, d i e S t u n d e n z a h l f ü r d e n S c h ü l e r m ö g l i c h s t g e r i n g z u h a l t e n, f ü r d e n L e h r e r a b e r d u r c h p a r t i e l l e K l a s s e n t e i l u n g z u m e h r e n.

Das verursacht so lange keine Kosten, als die Lehrer u n t e r i h r e m P f l i c h t s t u n d e n m a ß e beschäftigt sind, und vermehrt die Arbeitslast des Lehrers gleichwohl nicht, weil die ungleich größere Leichtigkeit und Fruchtbarkeit des Unterrichtes in kleinen Abteilungen die physische und psychische Kraft des Lehrers sehr viel weniger in Anspruch nimmt. Nur der Wochenstundenplan macht einiges Kopfzerbrechen, ebenso wie das Eintreffen der Kinder im Schulgebäude zu verschiedenen Zeiten. Daß aber die Beseitigung dieser kleinen Schwierigkeiten durchaus möglich ist, das eben sollen die drei Wochenstundenpläne und die an ihnen gemachten Erfahrungen zeigen.

Was den Inhalt der einzelnen Unterrichtsgebiete betrifft, so ist er durch den im Jahre 1911 vom Staatsministerium genehmigten Lehrplan für die sämtlichen Volksschulen Münchens festgelegt. Der mehr als zwölfjährige Krieg gegen den Lehrplan ist zu Ende. Der Lehrplan hat auf der ganzen Linie gesiegt. Er ist einst nur schüchtern vom Gedanken der Arbeitsschule beeinflußt entstanden. Gleichwohl bietet er einer bescheidenen Durchführung des Geistes der Arbeitsschule kein Hindernis. Die einzige Abweichung der Versuchsschule bildet die Aufnahme von f a c h l i c h e m Arbeitsunterricht auch in die Knabenklassen, und zwar in Verbindung mit dem Anschauungsunterricht und dem Unterricht in der Heimatkunde. In den Mädchenklassen war er schon seit vierzig Jahren vorgeschrieben.

2. DURCHFÜHRUNG DES LEHRPLANES IN DEN ZWEI UNTERKLASSEN

a) Anschauungsunterricht mit Zeichnen und Handarbeit. Der Anschauungsunterricht mit Zeichnen und Handarbeit in Klasse I und II machte die e i g e n e n E r f a h r u n g e n der Kinder zum Mittel- und Ausgangspunkt seiner Tätigkeit. Gemäß dem Münchner Lehrplan hat er die Aufgabe, auf Grund der Schärfung und Übung der Sinnestätigkeit das denkende Beobachten zu wecken und zu fördern, die vorhandenen Vorstellungen zu klären, zu ergänzen und zu ordnen und neue, grundlegende Vorstellungen und Begriffe zu bilden. Diese Erfahrungen wurden teils aus der p r a k t i s c h e n T ä t i g k e i t d e r S c h u l e , t e i l s a u s d e m h ä u s l i c h e n L e b e n d e r F a m i l i e entnommen. Zum Beginn des Schuljahres gingen der eigentlichen manuellen Arbeit Übungen voraus, die auf Schärfung der Sinne abzielten. Diese Übungen wurden zum Teil dem Werke von M. Montessori »Il Metodo della Pedagogia Scientifica« entnommen und verliefen für gewöhnlich unter dem Charakter des eigentlichen Kinderspieles. Selbstverständlich wurden sie auch während des ganzen Jahres nicht außer acht gelassen und zu geeigneter Zeit mit geeigneten Tätigkeiten verbunden. Sie erstreckten sich auf das Erkennen von Farben und Formen, von Klängen nach Höhe und Stärke des Tones, auf Schätzungen des Gewichtes verschiedener Stoffe, auf Erwerbung von Tastvorstellungen für die verschiedenartigsten Materialien, auf Ausbildung von Geruchs- und Geschmacksvorstellungen einfacher wohl unterscheidbarer Art, und endlich auch auf die Regulierung und Orientierung von Bewegungsempfindungen. Eine Reihe von Materialien diente diesem Zwecke. Der Arbeitsunterricht, der mit dem Anschauungsunterricht aufs engste verbunden wurde, erstreckte sich in der e r s t e n Klasse auf Nähen, Stricken, Flechten, Holzarbeit, Gartenarbeit und sogenannte häusliche Beschäftigungen. Knaben wie Mädchen hatten den gleichen Arbeitsunterricht, so daß also einesteils die Knaben sowohl am Unterricht im Nähen und Stricken teilnahmen als auch die Mädchen am Unterricht in der Holzarbeit. In den zweiten Klassen trat bei Knaben wie Mädchen die Holzarbeit in den Vordergrund. Daneben wurden die Knaben in einer besonderen Stunde mit Zeichnen und Ausschneiden, die Mädchen mit Flechten, Stricken, Nähen beschäftigt. Gartenarbeit und häusliche Beschäftigungen fanden neben der Schulzeit systematische Berücksichtigung. Anderweitige einwandfreie (vgl. Seite 81) Beschäftigungen, wie Papierfalten für bestimmte Zwecke, Papparbeiten, Weben auf Handwebestühlen wären zulässig gewesen. Sie wurden aber nicht berücksichtigt, um die Arten der Beschäftigung nicht zu z a h l r e i c h zu machen und so eine gründlichere Schulung in der einzelnen Beschäftigungsart zu ermöglichen. Auch wurden die erstgenannten Beschäftigungen vorgezogen, w e i l s i e d e m h ä u s l i c h e n L e b e n d e s K i n d e s w e s e n t l i c h n ä h e r l i e g e n.

Sobald es möglich war, wurden die praktischen Arbeiten vom Gesichtspunkt der Arbeitsgemeinschaft aus organisiert, d. h. vom Standpunkt der Dienst- und Hilfsbereitschaft der Kinder gegeneinander und der gemeinsamen Unterordnung unter eine gesteckte Aufgabe. Die Art der Durchführung mußte sich natürlich ü b e r den Kindergartenstandpunkt erheben. Es handelt sich in der Volksschule nicht mehr bloß darum, die Kinder vernünftig zu beschäftigen, sondern auch darum, die manuelle Geschicklichkeit systematisch zu steigern, den Willen zu immer sorgfältigerer Arbeit zu erziehen und so den Spieltrieb mehr und mehr in den Arbeitstrieb umzuwandeln, d. h. die Tätigkeit des Kindes mehr und mehr einem gewollten Zwecke und gewissen für die Zweckerreichung notwendigen Regeln zu unterwerfen. Gewisse Arbeitsgebiete werden immer lehrplanmäßig bevorzugt werden müssen, wie mannigfaltig auch die Art der Beschäftigung nach der Neigung des Lehrers und der Kinder, nach den Anlagen der Kinder und den Unterrichtseinrichtungen sein mag. Auch innerhalb bestimmter Arbeitsgebiete ist noch eine weise Beschränkung auf w e n i g e m a n u e l l e Fertigkeiten geboten, damit sie im Laufe der ersten Schuljahre zu entsprechender Sicherheit entwickelt werden können. Ob die wenigen ausgewählten Arbeitsgebiete den physischen und geistigen Kräften des Kindes entsprechen, das dürfte wohl daraus am besten zu ersehen sein, ob die Mehrzahl der Schüler auch ohne Zutun der Schule in reiner Verfolgung ihres Nachahmungstriebes ähnliche Beschäftigungen bei ihren häuslichen Tätigkeiten und Spielen aufsuchen und anwenden.

In welcher Weise die manuelle Tätigkeit mit den lehrplanmäßigen Themata des Anschauungsunterrichts in Verbindung stand, ergibt sich aus folgender Übersicht. Der ersten Klasse fielen lehrplanmäßig folgende Aufgaben zu:

1. A u f g a b e (Turnsaal und auf dem Spielhofe): Herstellung von Holzstäben mit angefeilten Kuppen, von Leitern, von Griffen für Sprungseile. – Herstellung eines Sprungseiles durch Stricken über die Spule.

2. A u f g a b e (Auf der Straße): Herstellung von Holzwürfeln, einer Holzschranke und eines einfachen Lastwagens aus Fadenspulen und Brettchen.

3. A u f g a b e (Der Garten im Herbst): Herstellung von Blumenstäben aus Holz, Nähen von Samensäckchen aus Gaze.

4. A u f g a b e (Das Weihnachtsfest): Herstellung eines Täschchens für den Weihnachtstisch, einer Serviettentasche; Herstellung eines Holzbaukastens aus rechteckigen und dreieckigen Säulen.

5. A u f g a b e (Schnee und Eis): Flechten eines Untersatzes; Herstellung eines Schlittens aus Holz.

6. A u f g a b e (Bei der Näherin): Herstellung eines Lineals mit Zentimetermaß, einer Reißschiene für Rechentabellen. Anfertigung von Schnitten für Puppenhemd, -unterrock und -kleid. Nähen von Puppenwäsche nach gefertigten Schnitten.

7. A u f g a b e (In der Kirche zur Osterzeit): Färben von Ostereiern.

8. A u f g a b e (Der Schulgarten im Frühling): Herstellung von Blumenkisten, eines Holzzaunes für die Blumenkisten, Ansäen und Anpflanzen in den Blumenkisten; Flechten eines Blumenkorbes, Flechten eines Obstkorbes aus Raffia.

9. A u f g a b e (Bei der Obstlerin): Modellieren von Früchten (versuchsweise).

Neben diesen Handarbeiten gingen außerdem häusliche Beschäftigungen her. Sie umfaßten die Ordnung und Sauberkeit im Schulzimmer und im Arbeitsraum, also Kehren, Abstauben, Putzen, Waschen, Beihilfe der Kinder zur Herstellung von Weihnachtsgebäck und Ostereiern. Die Gartenarbeit beschränkte sich im Herbst wegen vielfach ungünstiger Witterung auf Einsammeln von Samen, Einschlagen von Blumen und Zwiebeln in Töpfe und in freiem Gartenland unter Sicherung gegen Frost durch Bedecken mit Erde. Die Töpfe wurden im Frühjahr der Erde entnommen und die Zwiebelpflanzen bildeten wochenlang in blühendem Zustande eine Zierde des Schulzimmers. Im Sommer pflegten die Kinder außer den neu angepflanzten Blumen u n t e r   A n l e i t u n g   d e r   S c h ü l e r i n n e n   d e r   a c h t e n   K l a s s e   d e n   S c h u l g a r t e n   d e r   a c h t e n   K l a s s e   d e r   S c h u l e   a n   d e r   H o h e n z o l l e r n s t r a ß e . Die Klassenlehrerin machte dabei über den Verkehr der größeren Mädchen mit den Kindern der Versuchsklasse die besten Erfahrungen. A u c h   d i e   E r z i e h u n g s a r b e i t   d e r   S c h ü l e r i n n e n   d e r   a c h t e n   K l a s s e   e r f u h r   b e i   d i e s e r   A r b e i t s g e m e i n s c h a f t ,   a n   d e r   G r o ß e   w i e   K l e i n e   m i t   g l e i c h e m   E i f e r   u n d   s i c h t l i c h e r   F r e u d e   b e t e i l i g t   w a r e n ,   e i n e   n i c h t   u n w e s e n t l i c h e   V e r t i e f u n g .

Die zweite Klasse hatte folgende Aufgaben zu behandeln:

1. A u f g a b e (Schulhaus): Faustskizzen auf der Tafel. Herstellung eines Tafellappens im Strickunterricht. Zeichnen von Tafel, Federhalter, Griffel.

2. A u f g a b e (Am Neubau): Herstellung eines Holzhauses durch A r b e i t s g e m e i n s c h a f t in der Werkstatt. Zeichnen und Ausschneiden von Häusern.

3. A u f g a b e (Schulgarten im Herbst): die im ersten Schuljahre gefertigten Blumenkisten (vgl. S. 135 Aufg. 8) wurden mit Blumenzwiebeln bepflanzt. Zeichnen von Blumenformen, Ausschneiden und Zusammenstellen zu einem Bukett als Klebearbeit.

4. A u f g a b e (Die Uhr): Anfertigung von Zifferblättern aus Karton mit beweglichen Zeigern. Herstellung eines Zifferblattes aus Holz mit Anbringung von gekauften Metallzeigern. Herstel-

lung einer Sonnenuhr; Anlegung eines Wetterkalenders. Die Mädchen stricken Pulswärmer.

5. A u f g a b e (Die Küche): In der Holzwerkstätte Herstellung eines Nudelbrettes mit Nudelwalker. Die Mädchen stricken einen Topflappen; die Knaben zeichnen und schneiden Küchenherde aus.

6. A u f g a b e (Beim Schreiner): In der Holzwerkstätte Herstellung eines Stuhles mit Geflecht. Besuch einer unserer großen Schülerwerkstätten für die obersten Klassen. Zeichnen und Ausschneiden von Werkzeugen.

7. A u f g a b e (Waschhaus): Waschen und Aufhängen, Flechten eines Nähkorbes.

8. A u f g a b e (Die fünf Sinne): Gab zu besonderen praktischen Tätigkeiten keine Veranlassung, außer eben zur Betätigung der Sinne selbst in Sinnesübungen aller Art. (Vgl. dazu auch die Übungen in der ersten Klasse.)

9. A u f g a b e (Am Aquarium und Terrarium der Schule): Vor den Augen der Schüler wird ein Aquarium angelegt. Die Kinder bauen in der Werkstätte Raupenkästen. Beobachtung der Entwicklung von Raupen. Zeichnen von Schmetterlingen.

10. A u f g a b e (An der Isar): In der Werkstätte wird in Arbeitsgemeinschaft eine Holzbrücke hergestellt. Knaben und Mädchen nähen Fahnen zum Ausflug in das Isartal.

11. A u f g a b e (In den Anlagen): Praktische Arbeiten im Schulgarten. Pflege der aus Samen gezogenen Balsaminen, Sonnenblumen, Begonien, Tannen, Fichten, Zirbelkiefern. Zeichnen von beobachteten Blättern, Blumen, Früchten. Zeichnen eines Starenkobels; Ausschneiden.

Das ganze Jahr über wurde auch den Aufgaben der häuslichen Beschäftigungen Aufmerksamkeit zugewendet. Sie bezogen sich wie im Vorjahre auf Ordnung und Sauberkeit im Schulzimmer, Gang und in der Garderobe. Die Arbeiten wurden von Knaben wie Mädchen mit gleichem Eifer betrieben. Die Kinder stellten im Wechsel selbst ihre Wächter und Ordner auf: einen Knaben für die Garderobe, einen Knaben und ein Mädchen für die Überwachung des Eintrittes in das Schulzimmer, drei Mädchen für die Reinhaltung der Tafelwände, je einen Knaben und ein Mädchen für die Überwachung der Fensterbretter, der auf ihnen aufgestellten Gegenstände und der Pflege der dort befindlichen Blumen. Dabei wurden Untergruppen gebildet. Ein Knabe sorgte für die Verwahrung und Ausgabe verschiedener Schlüssel, ein Mädchen für die Kalenderaufzeichnungen. – Zur Pflege des Aquariums wurde ein Mädchen aus der siebenten Volksschulklasse herangezogen, welches die kleineren Mädchen der zweiten Klasse auch zu belehren und anzuweisen hatte. Zur Beobachtung stand auch ein Geflügelhof (mit Hühnern, Hahn, Ente, Gans, Puter) zur Verfügung, dessen Pflege der Schulhausmeister hatte. Der sonstige Beobachtungsunterricht vollzog sich teils im Werkraum (experimenteller Teil), teils im Schulzimmer, teils im Freien. In das Schulzimmer wurden jene Beobachtungsübungen verlegt, die keine wagerechten Tische und wenig Werkzeuge erforderten. – Das Z e i c h n e n beschränkte sich auf gedächtnismäßige Darstellung e i n z e l n e r Gegenstände, die Gegenstand des Anschauungsunterrichtes waren und die jeder Schüler beim Anschauungsunterricht in der Hand hatte oder mit denen er im Beobachtungsunterricht arbeitete (Spielsachen, Werkzeuge, kleine Hausgeräte).

b) Rechnen. Für die erste Klasse kam lehrplanmäßig der Zahlenraum 1-20 in Betracht. Es war Bedacht darauf genommen, daß jedem Kinde Veranschaulichungsobjekte zur Verfügung standen, an deren Hand es die Veranschaulichung in selbständiger Weise vornehmen konnte. Selbstverständlich wurde von Anfang an ein großes Gewicht darauf gelegt, die Kinder nicht bloß zum Abschätzen, sondern auch zum genaueren Messen anzuhalten und damit schon die einfachsten Zahlenbegriffe zu entwickeln. Pappscheiben, Knöpfe, Stäbchen, Fadenspulen, Perlenketten, gestanzte Kupfer- und Nickelmünzen in selbstgefertigten Geldbörsen und vor allem die g e s a m t e   m a n u e l l e Tätigkeit in der Holzbearbeitung, d i e   m i t   e i n e m   b e s t ä n d i g e n   S c h ä t z e n, M e s s e n   u n d   V e r g l e i c h e n   v e r b u n d e n   i s t, dienten der Durchführung des Arbeitsprinzips im Rechenunterricht.

Einen besonderen Weg schlug im Schuljahre 1915/16 Fräulein Merxmüller ein. Sie berichtet:

»Wenn auch infolge der starken Beschränkung der Unterrichtszeit von einer weitgehenden sachlichen Beschäftigung heuer keine Rede sein konnte, wurde doch versucht, auch den Rechenunterricht so gut als möglich im Sinne der Arbeitsschule zu gestalten. Da durfte im Vordergrunde nicht die von außen diktierte, einem unfaßbaren Lehrzwecke dienende Rechenaufgabe stehen, nicht der streng geregelte methodische Aufbau, der von außen festgelegte Fortschritt von einem Rechenvorgang zum andern und von einer Stufe zur andern – sondern G e l e g e n h e i t e n z u m B e o b a c h t e n u n d E n t d e c k e n mußte das Kind haben, damit es seine Kraft erprobe und einem inneren Zwange gemäß darangehe, an den grobsinnlichen Erscheinungen rechnerischen Problemen nachzuspüren.«

»Bei den Beschränkungen des Schulbetriebes war es eine dringende Angelegenheit, das ganze Schulleben und alle Unterrichtsstunden auch für diese Zwecke auszubeuten. Besonders wertvoll erwiesen sich folgende b e s o n d e r e E i n r i c h t u n g e n :

1. D a s I l l u s i o n s s p i e l der ersten Schultage mit Stäbchen und Würfeln vorne vor aller Augen auf einem großen, schräggestellten Rechenbrett.

2. D i e r h y t h m i s c h e n V e r z i e r u n g e n zeitweilig angebracht a n d e n Ü b e r s c h r i f t e n d e r T a f e l l e s e s t ü c k e . Die Bewunderung von Form, Farbe, Regelmäßigkeit führte zur genauen Beobachtung für die Zwecke der Nachahmung, zur Klarstellung rechnerischer Verhältnisse und zur ganz selbständigen Bildung von Rechenaufgaben.

3. R e c h e n k a r t e n , welche nach ähnlichen Gesichtspunkten ausgestaltet waren und uns wochenlang interessierten und auf das fruchtbarste beschäftigten.

4. Das E i n k a u f e n vorne auf dem großen Rechenbrett mit Münzen aus Papier geschnitten, eine Arbeit, die völlig nach den Einfällen und Angaben der Kinder geleitet war und eine un-

glaubliche Gewandtheit und Sicherheit im Rechnen erzeugte.«

»Unter Verzicht auf alle methodischen Kunststücke, die ja den Kindern nur das Denken ersparen, gab es keine vorausschauenden Erklärungen und Entwicklungen von Rechenvorgängen, wie sie etwa im Rechenbuch beim Überschreiten des Zehners angedeutet sind, keine typischen Zahlbilder, kein geregeltes Finger- und Zählmaschinenrechnen.« (Ich gestatte mir einzufügen: Quod licet Jovi; non licet bovi.)

»Mit der größten Selbständigkeit ohne Aufgabenstellung und aufdringliche Hinweise erarbeiteten sich die Kinder am Wechsel der auftretenden Erscheinungen des Schullebens einen Rechenvorgang um den andern. Jede Stunde brachte Neues an Inhalt und Form. Das einzelne Kind eignete sich immer zuerst das an, was es seinen inneren, in Entwicklung begriffenen Spannkräften gemäß aufzunehmen imstande war. Die andern folgten, jedes zu seiner Zeit, es war kaum ein halbes Jahr vergangen, als die ganze Schar über das Ziel der 1. Klasse hinausdrängte, um in der Folge auch weit darüber hinauszuwachsen.«

Für die zweite Klasse war der Zahlenraum 1 bis 100 vorgeschrieben. Eine so mannigfaltige Veranschaulichung der Rechenvorgänge, wie in der ersten Klasse, war nicht mehr nötig. Große und kleine Zählmaschinen, Schätzen bei allen Beobachtungen, Messen und Zählen in der Werkstätte und im Klassenraum, vor allem aber auch Kaufen und Abwägen von Waren an dem in der Schule aufgestellten Kaufladen boten eine Fülle von konkreten Übungen. Zum Messen konnten bereits Maßbänder und Meßapparate für Flüssigkeitsmaße verwendet werden. Die Einrichtung des Kaufladens bestand aus Tüten, die von den Kindern selbst hergestellt und mit verschiedenen Waren gefüllt waren, aus einer zweischaligen Krämerwage mit entsprechendem Gewichtssatz. Unter allergrößter Anteilnahme der Kinder vollzogen sich die Rechenoperationen am Kaufladen. Sie wurden von allen gemeinsam in der Bank mitgemacht mit Hilfe der im Vorjahre gefertigten und mit gestanzten Kupfer- und Nickelmünzen gefüllten Geldbörsen. Während nämlich draußen v o r den Bankreihen das Abwägen und die Auszahlung von zwei Kindern ausgeführt wurde, hatten alle Kinder i n den Bankreihen mit Gewichtschablonen den Vorgang des Wägens nachzumachen und ebenso mit Hilfe der zur Verfügung stehenden Münzen, die um einige Fünfzigpfennig- und Markstücke in diesem Jahre vermehrt worden waren, alle Rechenoperationen anschaulich nachzubilden. So entwickelten sich leicht die grundlegenden Operationen des praktischen kaufmännischen Lebens, wie es sich im Kleinhandel abspielt. Vorstellungen, wie das Kilogramm als eine Einheit von 10×100 g, als eine Einheit von 2 Pfund oder 4 halben Pfunden bildete allmählich jedes Kind ohne die geringste Schwierigkeit. Auch die Zusammensetzung solcher Untereinheiten wie Pfund oder Halbpfund aus Grammen wurde gut aufgefaßt und angewendet. (Im dritten und vierten Schuljahre wurden alle Kinder mit Handwagen ausgerüstet, um selbständige Wägungen, insbesondere von w ü r f e l f ö r m i g geformten Stoffen aller Art und damit auch Materialvergleichungen vornehmen zu lassen.)

c) *Schreiblesen, Lesen, Rechtschreiben, Erzählen.* In der ersten Klasse kamen als Vorübung für das Schreiben in Anlehnung an M. M o n t e s s o r i geometrische Formen zur Verwendung, deren Umrisse von den Kindern mit Bleistift zunächst umzogen wurden. Die so umgrenzte Papierfläche war dann mit Farbstiften immer sorgfältiger auszufüllen. Die Kinder wurden dadurch gewöhnt, den Umriß zu beobachten, bestimmte Grenzen einzuhalten, verschiedene Formen des Umrisses aufzufassen und so langsam die Schreibbewegungen der Hand beherrschen zu lernen, ohne daß zunächst die Arbeit durch die Auffassung von schwierigeren Buchstabenformen kompliziert wurde. Die Einführung in die einzelnen Buchstaben erfolgte in früheren Jahren in der Weise, daß der Buchstabe zunächst langsam und unter Beobachtung aller Bewegungen vorgeschrieben wurde. Darauf hatten ihn die Kinder in dem von Stadtschuleninspektor Schmied entworfenen Setzkasten auszusuchen, auf unliniertem Papier oder unlinierten Schiefertafeln möglichst groß nachzuzeichnen, zu betasten und mit den Fingern nachzufahren bis zur Geläufigkeit. Diesen Vorübungen folgte die Darstellung der Buchstaben auf den großen Wandtafeln, welche die drei Wandflächen des Schulzimmers bedecken, dann gemeinsame Korrektur der auf den z e h n Wandtafeln von den Kindern gleichzeitig geschriebenen Buchstaben und endlich erst die Darstellung und Einübung der Buchstaben auf der Schiefertafel; Hand in Hand mit diesen Übungen gingen die Lese- und Rechtschreibübungen. Die letzteren hielten gewöhnlich folgenden Gang ein: Auf einer der großen Schultafeln wurden von der Lehrerin in Druckbuchstaben neue Sätze zusammengestellt, die Kinder übersetzten die Druckbuchstaben zunächst in Schreibschrift mittels Setzkasten und schrieben dann erst auswendig die Sätze auf die Schiefertafel oder ins Heft. Die Fibel war Mitte Mai vollständig ausgelesen, so daß die Kinder die letzten zwei Monate bereits das Lesebuch: »Blaue Blumen«, ein Buch für Mütter und Kinder, mit großem Vergnügen benützten. Schwierigkeiten bereiteten hier im Anfang nur die in kleinen Lettern gedruckten Erzählungen.

Ein gänzlich anderer Weg wurde im Schuljahre 1913/14 eingeschlagen. Die in Deutschland übliche Schreiblesemethode geht, selbst wenn sie die Normalwörtermethode zugrunde legt, von den einzelnen Buchstaben aus, gibt diese in ihrer schwierigsten Form, der deutschen Fraktur, und in vier verschiedenen Alphabeten (große und kleine Druckschrift, große und kleine Schreibschrift) und übt dann allmählich das für viele Schüler schwierige Z u s a m m e n l e s e n der Buchstaben zu Wörtern.

Mein fast dreimonatiger Aufenthalt in den Vereinigten Staaten von Nordamerika, währenddessen ich gegen 100 Volksschulklassen in den verschiedenen Staaten des Nordens und Südens besichtigte, hat mich zu meiner großen Überraschung belehrt, daß ein völlig anderer Weg zum mindesten für die Einführung in die englische Sprache mit ihren ungemein zahlreichen e i n - u n d z w e i s i l b i g e n Wörtern gleich fruchtbar sein kann. Obwohl das amerikanische Schulwesen alle seine früheren Anregungen aus Europa bekam, so hat es unsere europäische Schreiblesemethode vollständig abgelehnt, und obwohl jeder der 48 Staaten Nordamerikas völlig autonom ist in der Gestaltung seines Schulwesens, so hat sich doch die von mir beobachtete Methode in allen Staaten allgemein und ohne jeden äußeren Zwang eingebürgert.

Die Methode gründet sich auf das W o r t b i l d . Einzelne aus der praktischen Tätigkeit der Schule entsprungene Sätze von

83

5 bis 6 Wörtern bilden den Ausgangspunkt. Die Wortbilder werden als G a n z e s, durch sinnreiche Übungen und Spiele aller Art, eingeprägt. Dieser Einprägung kommt die lateinische Blockschrift mit dem Mangel an Majuskeln innerhalb des Satzes ungemein zustatten. Man betrachte nur einmal etwa daraufhin den Satz:

I lost my pen to-day

mit der Darstellung in deutscher Fraktur und Sprache:

Ich habe heute meine Feder verloren.

Das Wortbild der lateinischen Blockschrift ist sehr viel formenärmer und kann schon am ersten Tage des Unterrichts von den Kindern nachgemalt werden, was der Einprägung sehr zustatten kommt. Sobald auf diese Weise 50 bis 60 Wortbilder im Gedächtnis des Kindes liegen, werden dem Kinde bereits g a n ze E r z ä h l u n g e n aus diesen Wörtern in Blockschrift vorgelegt, in die nur da und dort ein neues unbekanntes Wort eingestreut ist, d e s s e n B e d e u t u n g d a s K i n d a b e r a u s d e m g a n z e n Z u s a m m e n h a n g e r s c h l i e ß e n k a n n. Zu den so s e l b s t e r a r b e i t e t e n Wortbildern werden dann wieder durch neue Mustersätze aus dem Schulleben andere Wörter hinzugefügt, sehr oft gleichlautende Reimwörter, und so vermehrt sich der Wortbildschatz immer mehr. Allmählich, namentlich unter dem Einfluß der Reimwörter, vollzieht sich a u t o m a t i s c h die Analyse des Wortbildes in Lautbilder von selbst, und nach einem halben Jahre sind alle Kinder auch im Besitze sämtlicher Lautbilder.

Inzwischen sind aber die Kinder an drei wesentliche Dinge gewöhnt worden: a) beim Lesen vor allem auf den S i n n d e s S a t z e s zu achten, ohne welche Achtsamkeit j a n e u e Wortbilder nicht erfaßt werden konnten; b) sich stets nur W o r t b i l d e r einzuprägen, anstatt sich g e d ä c h t n i s m ä ß i g die Orthographie des Wortes durch die Reihenfolge des Buchstabens zu merken; c) das Wortbild mit einem Schlage aufzufassen und nicht mühsam aus der Buchstabenfolge zusammenzulesen. Vor allem aber sind sie schon sehr viel früher als unsere Kinder in den

Stand gesetzt, ganze Geschichten zu lesen und so aus der L e s e ‐
f r e u d i g k e i t heraus die Schwierigkeiten des Lesens über‐
winden zu lernen. Die Einführung in die Schreibschrift erfolgt
ganz unabhängig von der Einführung ins Lesen, das möglichst
beschleunigt wird; nur das Nachmalen der höchst einfachen
Druckbuchstaben der lateinischen Blockschrift geht parallel.

Die Methode ist bereits äußerst sorgfältig ausgebaut, und ei‐
ne sehr interessante ausgedehnte Literatur von »first reading‐
books«, von ersten Lesebüchern, unterstützt sie. Weiter darauf
einzugehen, ist hier nicht möglich. Ob die Methode auch für die
deutsche Sprache gleich fruchtbar ausgenutzt werden kann, muß
ausprobiert werden. Zwei der Lehrkräfte der Versuchsschule,
Herr B r ü c k l und Frl. M e r x m ü l l e r , haben sie mit großer
Wärme und Begeisterung und mit tiefem Verständnis versucht.
Ich möchte den Bericht von Fräulein Bertha Merxmüller hier zur
weiteren Anregung zum Abdruck bringen. Die reichen Erfahrun‐
gen, die Herr Brückl gemacht hat, wird er wohl in einer eigenen
Arbeit veröffentlichen. Zum Bericht des Fräulein Bertha Merx‐
müller, die im Schuljahre 1915/16 freiwillig die erste Klasse ü‐
bernahm, bemerke ich, daß der Mangel an Räumen, der durch die
Ablassung von mehr als der Hälfte aller Schulgebäude an die
Militärverwaltung herbeigeführt war, uns genötigt hat, in den
meisten ersten Klassen und auch in der Versuchsklasse die Unter‐
richtszeit auf w ö c h e n t l i c h 1 2 S t u n d e n festzusetzen.
Der Bericht gibt auch deutlich ein Bild davon, was Arbeitsunter‐
richt im Schreiblesen heißt. Ich gebe zuerst die Erfahrungen im
L e s e u n t e r r i c h t .

a) Meine Bilderbogen. »Es waren einfache kindertümliche Dar‐
stellungen mit klaren Texten in Antiqua für die Stufe des schein‐
baren Lesens als A u s g a n g u n d G r u n d l a g e f ü r d i e
e r s t e L e s e t ä t i g k e i t . Auf dem Wege des Vergleichens
werden die Übungswörter des Textes wiedererkannt, wenn sie
auf der Tafel in anderer Reihe auftreten, bis sie, zur lebendigen
Rede gefügt, als Ausdruck für kleine gemeinsame Erlebnisse gel‐
ten und als solche erfaßt werden können.«

»In der unterhaltsamen Beschäftigung mit diesen Bilderbogen sah ich die Erfahrung der Kinderstube bestätigt, daß sich Kinder gerne und leicht einprägen, was in ihren Bilderbüchern bei den geliebten Bildern steht. Das von der Spielwelt herübergenommene Interesse verstärkte sich durch die Wichtigkeit der ersten Schularbeit, und es entstand jene V e r t r a u t h e i t   m i t   d e n   L a u t z e i c h e n, die den Sinn immer eindringlicher auf die Elemente und ihre Beziehungen lenkt, das Lautbewußtsein schafft und später ein Kind nach dem andern, jedes zu seiner Zeit, ohne aufdringliche Hinweise, nur einem inneren Zwange gemäß, zur Lautanalyse führt und zum synthetischen Lesen.«

b) Meine selbstgeschaffenen Lesestoffe. »Sie wollten sowohl sprachlich wie inhaltlich der kindlichen Entwicklung so viel als möglich Rechnung tragen und die Tatsache berücksichtigen, daß fremde Sprachinhalte und fremde Sprachformen den Leselernprozeß benachteiligen müssen, weil er doch die ganze Aufmerksamkeitsenergie für sich beansprucht.«

»Abgelauscht den sprachlichen Äußerungen der Kleinen, wirkten die meisten meiner selbstgeschaffenen Lesestoffe durch die persönlichen Beziehungen ihres t a t s ä c h l i c h   u n d   m e i s t   g e m e i n s a m   e r l e b t e n   I n h a l t e s, eines Inhaltes, der unbedingte Teilnahme oft bis zum jubelnden Beifall erzeugte und die ganze Lese-Lernarbeit natürlich und anregend gestaltete.«

»Die kleinen Lebensausschnitte wurden den Kindern in der F o r m   v o n   L e s e b l ä t t e r n   u n d   T a f e l s t ü c k e n geboten, wodurch sie der psychologischen Beschaffenheit des Kindes noch weiter durch den R e i z   d e s   N e u e n   u n d   d e r   A b w e c h s l u n g entgegenkamen und als k l e i n e   a b g e r u n d e t e   G a n z e der leichten Ermüdbarkeit des Kindes gerecht wurden.«

»Ungezwungen bereits geübte Wortbilder immer wieder zur Wiederholung bringend und darin etliche neue versteckt zur vergnüglichen Lösung – bedeutete Stück für Stück eine m ü h e l o s e,   l u s t v o l l e   A n w e n d u n g   u n d   S i c h e r u n g   d e s   G e l e r n t e n,   w i e   a u c h   e i n   w o h l e r w o g e n e s

Maß von Schwierigkeiten, der kindlichen Kraft zur frohen Betätigung zugeteilt.«

»Das bewegte Innehalten, wenn in der Lesearbeit der Sinn aufging, die Situation erfaßt wurde und Selbsterlebtes zum greifbaren Bilde sich gestaltete, war der Beweis, daß **die Kleinen im besten Sinne Lesen lernten**, trotz technischer Schwierigkeiten und äußerer Ablenkung, Lesen, d. h. Schätze heben. Sie hatten ihre helle Freude, daß sich das alles so schön lesen und schreiben ließ, ergötzten sich staunend an den eigenen Ausdrücken und den Wendungen, die ihnen vom täglichen Leben her so geläufig waren, wollten gleich noch was dazu erzählen, mußten gleich noch was fragen und wollten es dann gleich nochmal lesen, weil es 'gar so schön', 'so echt', 'so nett' war, 'zum Totlachen', 'eine Gaudi', weil es 'ganz wahr' war.«

»Diesen oder jenen Ausdruck möchten sie bei dieser Gelegenheit gleich auch noch geschrieben sehen; einer kann aus dem Wort an der Tafel gleich selbst ein anderes machen, braucht nur was wegtun oder was hinsetzen, gleich heißt es dann anders. Und sie freuen sich alle über die gelungene Veränderung und lassen nicht mehr los und gehen ihre Entdeckerwege weiter und wollen unaufhörlich schaffen und gestalten. **Viel Schaffenskraft von lebendigem Interesse geweckt** mußte da wegen des beschränkten Kriegsbetriebs oft gewaltsam zurückgedrängt werden. Auf keinen Fall kam in diese Leselernstunden gähnende Langeweile oder qualvolle Mühe. Es waren sehr interessante, höchst vergnügliche Stunden.«

In gleich erfreulicher und belehrender Weise lautet der Bericht über die Erfahrungen im **Schreibunterricht**.

»Auch hier war ich in allererster Linie bestrebt, nach dem Gesetz von der **Isolierung der Schwierigkeiten** nicht plötzlich mit allen Schwierigkeiten auf einmal zu beginnen, sondern im allmählichen Fortschreiten ein Hindernis nach dem andern zu überwinden.«

»Dabei ging ich von der Annahme aus, daß die Schriftformen um so mehr Ausdruckskraft werden vermissen lassen, **um so gezwungener und gequälter** ausfallen müssen, sich um so weniger frei werden entwickeln können, je mehr Vorschriften das Kind beengen und je mehr Gesetze es binden.«

»Als solche Hemmnisse erkannte ich alle Einengungen, die das Gerät, insbesondere die spitze Feder, verursacht, – dann eine für alle gleichmäßig von vornherein vorgeschriebene Handhaltung, – die starre Unabänderlichkeit der Formen und das Verlangen, jede Schriftform auf eine gewisse Art und in einer bestimmten Reihenfolge zur Darstellung zu bringen, – endlich die Liniatur.«

»Wenn auch im Schreibunterricht die Lust am Schaffen Triebkraft werden sollte, Kraftentfaltung und Entwicklung der Eigenart die zu erstrebende Frucht des Unterrichtes, dann durfte die starre, kalte, unverrückbar festgelegte Form nicht im Vordergrund des Unterrichtes stehen bleiben, nicht die äußere technische Seite mit ihrer Qual für die ungeübte, unentwickelte Hand des Kindes –, sondern die freischaffende Tätigkeit des Kindes.«

»Für meinen grundlegenden Schreibunterricht, der in natürlichem Aufbau von der Antiqua ausgehen durfte, galt es also zunächst ein willfähriges Schreibgerät zu finden, das in der ungelenken Hand des Kindes und selbst noch beim falschen Gebrauch seinem Wesen getreu bleibt und die der lateinischen Druckschrift charakteristischen Schnurzüge erzeugt.«

»Ich kam von dicken, weichen, farbigen Ölkreidestiften, 10 Stück 10 Pf., auf dem Papier und vom weichen Buttergriffel auf der Tafel (Papiernot!) zum griffelartig zurecht gespitzten Schreibholz für die Tinte und dann erst zur Feder, und zwar zu einer starken Kugelspitzfeder. Dann sollten meine Kinder gleich vom Anfange an möglichst frei gestalten dürfen, wobei es mir wichtig schien, daß sich ein Gefühl für gute Schriftformen an guten Vorbildern und durch zweckmäßige Besprechung guter und schlechter Beispiele an der Schultafel entwickeln könne und daß jedes Kind die Handhaltung und die Schriftform selbst finde, die seinem Wesen gemäß ist und ihm einen freien Zug ermöglicht.«

»Und siehe, die Schriften entwickelten sich in völlig ungeahnter Weise. Die überraschend schönen Erfolge rechtfertigten am besten die vorausgestellten Annahmen und Grundsätze. An dem Maße aber, wie von Stufe zu Stufe bei jeder neuen Werkzeughemmung die Leistungen immer sofort zurückgingen, um nach kurzer Zeit allmählich wieder zu steigen, sieht man recht klar, welch große Schwierigkeiten die heutige Schule dem Kinde zumutet, wenn sie es gleich am Anfang in die Liniatur zwingt und ihm für das Papier gleich die spitze Feder zur Hand gibt.«

»Bei der weiteren Aufgabe, die Kinder von der lateinischen Druckschrift zur lateinischen Schreibschrift zu führen, sie durch die schreibgemäße Form der Antiqua und ihre natürliche Fortsetzung in die eigentliche Kunst des Schreibens hineinwachsen zu lassen, wurde ich auf die verdienstvolle Anregung des Herrn Prof. Kuhlmann hin zu einem sehr interessanten Versuch geführt. Es war die Frage gestellt:

Können sich die Kleinen in Erfüllung des Arbeitsschulgedankens ihre Handschrift selbsttätig erarbeiten? Daß dieser Versuch in hervorragender Weise als gelungen bezeichnet werden muß, zeigen die Schriften der Kinder, besonders auf ihren einzelnen Entwicklungsstufen.«

»Sie beantworten noch folgende wichtige Teilfragen:

1. Kann man im Durchschnittskind ein Gefühl für Schriftformen entwickeln und ausbilden?
2. Hat es die Neigung und Begabung, seine Schrift selbständig zu gestalten?

3. Muß die Freiheit eines zwang- und vorschriftlosen Schreibunterrichtes nicht notwendigerweise oder doch

mit der Zeit zu einer Schriftverwilderung führen?

Der Versuch hat die beiden ersten Fragen glänzend bejaht, die dritte Frage verneint, sobald nur die Lehrkraft selbst von einem ästhetischen Gefühl für Schrift beherrscht ist.«

In der z w e i t e n Versuchsklasse standen dem Unterricht in der deutschen Sprache 5 Stunden zur Verfügung gegenüber 9 Stunden, die in den übrigen normalen Volksschulklassen Münchens vorgeschrieben waren. Die 5 Stunden waren: 2 Lese-, 2 Rechtschreib- und 1 Schönschreibstunde. Eine Visitation am Schlusse des Jahres ergab, daß das Klassenziel in der gleichen Weise erreicht war, wie in den sonstigen guten Klassen.

Beim Lesen wurde ein besonderes Gewicht auf das rasche Erfassen des Gesamtinhaltes gelegt und sowohl durch freie Wiedergabe als durch m i m i s c h e Darstellung des jeweils geschilderten Ereignisses zu erreichen gesucht. Eine Lehrerin der Klasse glaubt, daß die dramatischen Darstellungen der Lesestücke, bei denen die Kinder nicht bloß redend, sondern auch handelnd auftreten und die zunächst immer nur improvisiert sind, ohne nennenswerte Schwierigkeiten schon in den Mittelklassen festgehalten und durch Einübung zu immer größerer Vollkommenheit gebracht werden könnten. Der Vorteil, der hieraus erwachsen würde, läge nicht nur in der Verwendbarkeit solcher Darstellungen für gemeinsame Schülerfeste, sondern auch in der Steigerung der Gefühle für die geschilderte Situation und damit die Steigerung der Auffassung und damit des Interesses für das Gelesene. Als besonders zur mimischen Darstellung geeignet erwiesen sich die Lesestücke des Münchener Lesebuches für die zweite Klasse: Kasperl in der Schule, Das Büblein auf dem Eise, Bub und Bock, Hansel und Gretel, Musik auf dem Hofe, Wolf und Fuchs, Der lügenhafte Hirt, Vom Büblein, das überall hat mitgenommen sein wollen. Vor Trimesterschluß gab jeweils ein Schülerfest den Kindern besondere Gelegenheit, ihr Können im Erzählen, Vortragen, Dramatisieren (natürlich auch im Musizieren, Singen, Zeichnen) in den Dienst der Klassengemeinschaft zu stellen und so zum Gelingen eines Gemeinschaftswerkes beizutragen. Am Ende jeder Woche wurden auch die Schüler veranlaßt, ihre Erlebnisse in der Werkstätte zusammenhängend zu erzählen.

Bei der Behandlung des Rechtschreibstoffes leisteten die neueingeführten Tafelwände (drei Seiten des Schulzimmers waren mit fortlaufenden Tafeln bedeckt) außerordentlich gute Dienste. Alle neuen Wörter, alle Diktate konnten gleichzeitig von 15 Schülern an die Tafelwände geschrieben werden, während die übrigen Kinder ins Heft schrieben. Die g e m e i n s a m e Korrektur der auf der Tafelwand von a l l e n Kindern aufzusuchenden Fehler gab eine ausgezeichnete Übung im Fixieren der Wortbilder.

d) Katholischer Religionsunterricht. Der Religionsunterricht war inhaltlich an den offiziellen Lehrplan der e r s t e n Klasse gebunden. Methodisch suchte er innerhalb dieses Rahmens möglichst durch die Beobachtung, Anknüpfung an die Erfahrung, Nachahmung, dramatische Darstellung das religiöse Erlebnis zu vertiefen. Dieses war im weitesten Sinne beim religiös-liturgischen Anschauungsunterricht möglich. Durch wiederholten Besuch in der Josefskirche sowie in der Sakristei derselben wurden die liturgischen Objekte und Handlungen zur unmittelbaren Anschauung gebracht. Die liturgischen Handlungen wurden zum Teil in Spiel und Ernst nachgeahmt. (Verehrung des Christkindes, Betrachtung der Kreuzwegbilder in der Josefskirche, Maiandacht, Messe.) Der religiös-sittliche Anschauungsunterricht wurde im Anschlusse an die Erlebnisse der Kinder (Haus, Straße, Schule, Spielplatz) behandelt. Beim Gebetsunterricht wurde möglichst auf wirkliches Beten aus erlebter Empfindung, nicht bloß auf gedächtnismäßiges Aufsagen gesehen. Die biblischen Erzählungen wurden vielfach dramatisch, mit Rollenverteilung, nacherzählt und so zu möglichster Wirkung gebracht.

In der z w e i t e n Klasse bildete eine Wanderung zur Ursulakirche die Grundlage für den religiös-l i t u r g i s c h e n Anschauungsunterricht. Zur Grundlage des religiös-s i t t l i c h e n Anschauungsunterrichtes wurden die mannigfachen Erlebnisse der Kinder genommen. Im übrigen wurde gemäß den im vorausgehenden geschilderten Grundsätzen des ersten Schuljahres verfahren.

e) Turnen. Für Turnen waren in der e r s t e n Klasse jeden Tag 20 Minuten in Anrechnung gebracht. Diese 20 Minuten waren zweimal (Montag und Donnerstag) auf den Nachmittag, die übrigen Tage auf den Vormittag verlegt. Die Vormittagsübungen bildeten ein willkommenes Gegengewicht gegen eine möglicherweise eintretende geistige Ermüdung. Die Turnzeiten wurden an den Nachmittagen hauptsächlich für jene Übungen verwendet, welche die Willensbegabung der Schüler vor allem fördern, also für Freiübungen zur richtigen Körperhaltung, für Wettspiele und Wettkämpfe.

An den Vormittagen wurden hauptsächlich Lauf-, Nachahmungs- und Singspiele gespielt; unter den Nachahmungsspielen befanden sich von den Kindern s e l b s t e r d a c h t e und in irgendeinem Zusammenhang mit dem Unterricht stehende: z. B. »Meine Blümchen haben Durst« (Bild), »Straßenverkehr«, »Rechtsgehen«, »Kriegführen«, »Frau Holle«.

In der z w e i t e n Klasse war der Turnunterricht auf vier halbe Stunden verteilt. Im übrigen wurde wie im Vorjahre verfahren unter steigender Anspannung der Willenskräfte behufs ordnungsgemäßer und genauer Ausführung der Turnbewegungen. Immer wurde auf sorgfältige Pflege der Arbeitsgemeinschaft und der freiwilligen Unterordnung Bedacht genommen.

Mit Beginn dieses Schuljahres wurden in allen Versuchsklassen in eine Unterrichtspause jeden Tages hygienische Körperübungen von fünf bis acht Minuten gelegt, welche als Vorbeugung gegen Tuberkulose und gegen Skoliose eingeführt wurden. (Anleitung durch Schularzt Dr. Ranke.)

f) Singen. Die Liedertexte standen zunächst in Verbindung mit den Aufgaben des Anschauungsunterrichtes, aus dem ihre Inhalte herauswuchsen. Zur klaren Erfassung des Rhythmus wurden die Kinder angeleitet, aus vorgesungenen Liedern den Takt selbst herauszufinden. Im zweiten Schuljahre boten auch die Singspiele und religiöse Lieder, die mit gewissen kirchlichen Festtagen in Beziehung standen, Stoff für den Singunterricht. Die Texte der Lieder standen zur Zeit ihrer Einübung immer zum Schul- oder öffentlichen Leben in enger Beziehung und dienten so der Steigerung des Gefühlslebens.

g) Holzbearbeitungsunterricht. Unter den praktischen Beschäftigungen, die wir mit der Versuchsschule verbunden haben, bildet die Beschäftigung mit der Holzarbeit neben der Beschäftigung mit weiblichen Handarbeiten, die von der dritten Klasse ab nur mehr für die Mädchen bestimmt ist, die wichtigste. Ich habe mich für die Holzarbeit unter Ausschaltung von Papp- und Metallarbeiten aus einer Reihe von Erwägungen entschieden, die ich in Kap. IV und V des näheren ausgeführt habe. Die wichtigsten dieser Erwägungen sind:

a) die mannigfache Verwendbarkeit der so erworbenen Fähigkeiten und Fertigkeiten nicht bloß im späteren Leben, sondern auch im Dienst des Volksschulunterrichtes in Rechnen, Zeichnen und Physik;

b) die Möglichkeit, die Arbeitsprozesse von Anfang an mit größter Genauigkeit ausführbar zu machen, so daß der Schüler jederzeit S e l b s t k o n t r o l l e über das Gelingen seines Werkes hat;

c) damit verbunden die weitere Möglichkeit, in einer Fülle ganz stetig aufeinanderfolgender, immer schwieriger werdender Aufgaben die Gewohnheiten der Genauigkeit, Sorgfalt, Gründlichkeit und Ausdauer zu steigern;

d) die leichte und vielseitige Behandlungsmöglichkeit, sowie die Billigkeit des Materials;

e) das natürliche, von allen Knaben und – wie wir nun auch durch unsere Versuche erfahren haben – von allen Mädchen in ganz hervorragendem Maße geteilte Interesse an der Holzbearbeitung und den Arbeitsprodukten, die sich aus dieser Beschäftigung ergeben. Schon die Schüler der ersten Klasse ziehen nach unserer Erfahrung den Unterricht in der Holzbearbeitungswerkstätte allem übrigen Unterricht vor, obwohl wir vom ersten Tage an dem Kinde bestimmte Aufgaben nach vorgelegten Mustern stellen und vom ersten Tage an den größten Nachdruck auf durchwegs sorgfältige Arbeit legen.

Die Voraussetzungen für das Gelingen dieses Unterrichtes sind: ein technisch vollkommen durchgebildeter Lehrer, weise Auswahl der Arbeitsprozesse, welche das Kind sorgfältig auszuführen imstande ist, ein besonderer Arbeitsraum mit entsprechenden, dem Alter der Kinder angepaßten Einrichtungen und eine zweckmäßige Vorbereitung des vom Schüler zu behandelnden Materials, damit diesem keine Arbeitsprozesse zugemutet werden müssen, die über die physischen und geistigen Kräfte des Kindes hinausgehen. In den ersten und zweiten Klassen zeigt sich hierbei, daß für das Gelingen der Arbeit unbedingt für j e d e s Kind ein eigenes Modell nötig ist. Vom dritten Schuljahre ab benötigt das Kind das Modell meist nur als Anschauungsmittel; im übrigen arbeitet es mehr nach Maßangaben, womit für dieses Schuljahr zugleich ein höchst fruchtbares Arbeitsfeld für praktische Rechenübungen gegeben ist, das die Lust zum Rechnen und damit die Fähigkeit zum Rechnen in einer unerwarteten Weise steigert.

Knaben wie Mädchen zeigen für die einfachen Aufgaben der Holzbearbeitung die gleiche Begeisterung; doch stellt sich immer deutlicher die bessere Begabung der Knaben hierzu heraus, sobald es sich um die Auffassung von Konstruktionselementen handelt. Nach den Mitteilungen des Fachlehrers beginnen viele Kinder bereits im ersten Schuljahre die Anregungen der Werkstätte auch in freiwillige häusliche Arbeiten umzusetzen. Die Zahl steigert sich mit jedem Schuljahre, und um die Weihnachtszeit kommen Eltern um Eltern, beim Fachlehrer geeignete Werkzeuge für die häuslichen Arbeiten zu bestellen. Vom dritten Schuljahre ab bringen die Kinder regelmäßig freiwillige Arbeiten mit in die Schule. Sie sind meist gut in der Auffassung, mangelhaft in der Konstruktion. Das letztere ist selbstverständlich. Gerade der Sinn für richtige Konstruktion muß erst in langjähriger Arbeit entwickelt werden. Auch haben die Kinder zu Hause das so gut vorbereitete, passende Material der Schule nicht zur Verfügung. Sie müssen sich ihre Holzstücke ohne Erfahrung erst zurechtrichten. Aber hierbei fehlt vor allem ein Werkzeug, der Hobel, an dessen Einführung wegen der physischen Kraft, die er beansprucht, nicht vor dem Beginn der sechsten Klasse gedacht werden kann. Vielleicht daß man später daran denken kann, Hobel mit sehr schmalen Hobeleisen etwa schon im fünften Schuljahre zu verwenden.

Zur A r b e i t s g e m e i n s c h a f t bieten die Übungen mannigfache Gelegenheit. Viele Objekte können nur in Arbeitsgemeinschaft hergestellt werden; ja die Einfachheit der einzelnen Übungen drängt geradezu dazu, gemeinsame Arbeitsobjekte von Zeit zu Zeit einzuschalten, weil nur ein wirkliches Objekt imstande ist, immer und immer wieder das Interesse des Kindes zu fesseln und ihm so über die Schwierigkeit und Monotonie der einzelnen Übungen hinwegzuhelfen. Es zeigte sich, daß die Arbeitsfreude am stärksten sich einstellte, wenn ein g e m e i n s a m e r Zweck die Kinder in ihrer Arbeit zusammenführte.

Der Umstand, daß für jeden Schüler das Material der Aufgabe gemäß erst vorbereitet werden muß, hat es natürlich mit sich gebracht, daß für den Fachlehrer für jede Unterrichtsstunde unbedingt eine Vorbereitungsstunde notwendig wird, namentlich solange er auch noch die Modelle für alle einzelnen Kinder anzufertigen hat. Fällt dies weg, so wird sich die Vorbereitungszeit pro Unterrichtsstunde auf eine halbe Stunde reduzieren lassen. Aus den nachfolgenden Verzeichnissen der Werkzeuge lassen sich sofort die von den Kindern des ersten bis vierten Schuljahres auszuführenden Arbeitsprozesse erkennen. Dabei bemerke ich, daß das Sägen sich nur auf Trennung von Stäben und schmalen, höchstens 5 cm breiten Brettchen beschränkt. Lange Sägestriche exakt mit freier Hand auszuführen, kann von Kindern der ersten vier Schuljahre noch nicht gefordert werden. Alle Sägeübungen bedürfen der Führung durch die Gehrungsschneidlade, damit sie allen Ansprüchen auf Genauigkeit in diesem Alter genügen.

Die Werkzeuge für jeden Schüler, die gemäß der Stärke einer Abteilung 25 mal beschafft wurden, waren folgende:

1 Parallelschraubstock aus Eisen	M	2,—
1 Gehrungsschneidlade mit Anschlag	"	-,75
1 Einstreichsäge mit Messingrücken	"	-,70
1 kleine halbrunde Raspel	"	-,50
1 kleine halbrunde Schlichtfeile	"	-,50
1 kleine rechteckige Schlichtfeile	"	-,45
1 Hammer (100 g)	"	-,60
1 kleine Beißzange Nr. 8	"	-,45

1 kleine Flachzange	"	-,70
1 kleiner Nagelbohrer	"	-,15
1 prismatischer Maßstab (30 cm)	"	-,50
1 Bleistift	"	-,05
	Summa: M	7,35

Die Ausgaben für die Gesamtausrüstung für 25 Schüler betrugen Mk. 183,75. Dazu kommen zum allgemeinen Gebrauche:

12	Stück	Schraubenzwingen aus Eisen,
6	"	kleine Bohrer,
1	"	Trillbohrer,
2	"	amerikanische Schneckenbohrer.

An Materialausgaben fielen an:

	für die erste Klasse		für die zweite Klasse	
Für Holz	M	41,54	M	57,87
Für Stifte und Schrauben	"	2,60	"	2,72
Für sonstige Materialien (Leim, Spiritus, Beize, Papier usw.)	"	5,55	"	7,10
	M	49,69	M	67,69

d. h. im ersten Jahre wurde pro Kind 1 Mk. und im zweiten Jahre pro Kind 1 Mk. 40 Pfg. an Materialausgaben nötig.

Einen Überblick über die einzelnen Übungen der ersten Versuchsjahre und die von ihnen in Anspruch genommene Zeit gibt das folgende Verzeichnis. Dazu möchte ich nur bemerken, daß einzelne dieser Arbeiten zu umfangreich angelegt waren. Andere Arbeiten machten zu vielerlei von vornherein geformtes Arbeitsmaterial nötig. Wieder andere Arbeiten waren zu früh eingestellt. Vielfach auch wurde die Auswahl erschwert dadurch, daß schon von Anfang an eine enge Verbindung mit dem Anschauungsunterricht gefordert wurde. Alle diese Mängel waren uns klar bewußt, und wir sind bemüht, sie abzustellen. Vor allem müssen die Arbeiten so aufgestellt werden, d a ß s i e m i t e i n e m M i n i m u m v o n N o r m a l i e n a u s k o m m e n, d. h. mit möglichst wenig vorgearbeitetem Holzmaterial. Denn je mannigfaltiger die Normalien sind, desto mehr Vorbereitungsstunden fallen für den Fachlehrer an und desto mehr wachsen dann die Ausgaben.

A r b e i t e n d e r e r s t e n K l a s s e.

1. Absägen von 10-15 kleinen W ü r f e l n von einem 10 mm starken Vierkantstab in Fichtenholz. (2 Std.)

2. Desgleichen von einem 15 mm starken Vierkantstab, wobei auch die Hirnholzkanten mit der Feile gebrochen werden mußten. (2 Std.)

3. N a g e l s t a b 200×18×7 mm aus Erlenholz, in den abwechselnd 10 Stück Pariser- und 4 Stück Messingnägel eingeschlagen wurden. (4 Std.)

4. Z ä h l m a s c h i n e für 20 Kugeln, 26 cm lang, 14 cm hoch aus Buchen- und Fichtenstäben von 10 qmm (mit drehbaren, quergestellten Füßen von 20 qmm). (18 Std.) Diese Arbeit wurde in späteren Jahren nicht mehr ausgeführt:

An ihre Stelle trat:

5. Das R e c h e n s t ä b c h e n. Länge 20 cm. Einteilung in 20 gleiche Teile. (2 Std.)

6. T u r n s t a b von 80 cm durch Absägen eines Rundstabes von 20 mm Stärke. Abrunden an beiden Enden, schleifen und mit Politur einlassen. (4 Std.)

7. L e i t e r von 28 cm Länge, 7 cm Breite, mit 2 Schwingen und 6 Sprossen, die auf die Holme aufgenagelt wurden. (8 Std.)

8. B r ü c k e n w a g e n von 171 cm Länge, 80 cm Breite, 6,5 cm

Höhe, Bodenbrettchen und Radscheiben vom Lehrer hergestellt. (12 Std.) Wurde in späteren Jahren weggelassen.

9. Schlitten 100×70×30 mm. Die vier Schwingen wurden auf die Kufen genagelt. (4 Std.)

10. Rechenbaukasten mit 32 Bausteinen (siehe Figur Taf. 1). Die Kästchen, dessen Brettchen vom Lehrer hergestellt sind, wurden von den Kindern zusammengenagelt. (14 Std.)

11. Reißschiene, Zunge aus Fichtenholz, 24 cm lang, Anschlag aus Buchenholz 8 cm lang. (3 Std.)

12. Gartenzaun um ein vom Lehrer hergestelltes Blumenkistchen. Je sechs Schüler arbeiten an einem Zaun. Zaungröße 50 cm im Geviert. (8 Std.)

13. Blumenstäbe dazu. (2 Std.)

Arbeiten der zweiten Klasse,

1. Holzhaus in Arbeitsgemeinschaft. Jede Abteilung von 24 Kindern baut zusammen ein Haus. (24 Std.) Diese Arbeit wurde in späteren Jahren weggelassen. An ihre Stelle traten Aufgabe 2, 3 und 4.

2. Lineal von 50 cm Länge mit Dezimeter- und Zentimeterteilung. (6 Std.)

3. Mörteltruhe zum Tragen mit vier Handhaben, 30×17×3 cm. (8 Std.)

4. Sandwurfgitter. Rahmen 17×15 cm mit Überplattung. Siebgitter geliefert. (8 Std.)

5. Uhrzifferblatt, 17×11 cm. Jeder Schüler fertigt ein Zifferblatt mit Stunden- und Halbstundenteilung. Triebräder für Stunden- und Minutenzeiger geliefert. Arbeitszeit für die vereinfachte Form 8 Stunden.

6. Nudelbrett, 25×17 cm. Bretter vom Lehrer hergerichtet. Die Schüler fertigen die Anschlagleisten und besorgen die Verbindung durch Aufnageln. (4 Std.)

7. W a l k e r dazu aus 35 mm starkem Buchenstab. Walker vom Lehrer gebohrt. Ebenso Griffe. (4 Std.)

8. H o c k e r mit geflochtenem Sitzrahmen; Höhe 21,5 cm. Sitzfläche 20×20 cm. (8 Std.)

9. P l ä t t c h e n zum Damspiel. Vom Buchenstab gesägt. Geraspelt, poliert, gebeizt. (4 Std.)

10. W a s c h k r e u z (siehe Figur Tafel II) aus 25 mm starkem Vierkantstab. Kreuzbalken 20 cm lang, Fußhöhe 10 cm. Balkenstumpf auf die Füße genagelt. (6 Std.)

11. H o l z s t e g 50×15×5 cm. (8 Std.)

Alle Modelle sind in sorgfältiger Arbeit von Gewerbelehrer H a n s R o h r e r durchgedacht und entworfen. Die Schwierigkeit bestand vor allem darin, jedes Modell 1. den ästhetischen Anforderungen genügen zu lassen; 2. in solche einfache Teile zu zerlegen bzw. so zu konstruieren, daß die Teile sich aus möglichst wenigen und möglichst einfachen Normalien herstellen lassen; 3. möglichst wenig von den im Handwerk gebilligten Holzverbindungen dabei abzuweichen.

Man wird gemerkt haben, daß aus diesen Arbeitsprogrammen die sogenannte f r e i s c h a f f e n d e P h a n t a s i e d e r K i n d e r a u s g e s c h l o s s e n i s t. Das hat auch schon manchen Tadel eingetragen. Ich bin aber der unwandelbaren Anschauung, daß die Schule in allen Fragen des sogenannten produktiven Schaffens zunächst die Pflicht hat, in den Kindern in erster Linie jene mechanischen Fertigkeiten zu entwickeln und sie mit jenen konstruktiven Elementen vertraut zu machen, die jedes produktive Schaffen aus eigener Erfindung heraus davor behüten, in grausamen Dilettantismus auszuarten. Daß dabei, indem das Kind zunächst auf Nachahmung und Vorschrift angewiesen ist, die Arbeitsfreude nicht nur nicht zu verkümmern braucht, sondern im Gegenteil von Jahr zu Jahr auf das lebhafteste wachsen kann, das hat uns heute schon unser vierjähriger Versuch auch auf dem Gebiete der Holzarbeit mit unwiderleglicher Deutlichkeit gezeigt.

h) Weibliche Handarbeit. Die Mädchen der zweiten Klasse nahmen nicht nur am Unterricht in der Holzbearbeitung teil (wie bereits erwähnt), sondern erhielten außerdem auch Unterricht in weiblichen Handarbeiten, und zwar im Stricken, Nähen und Sticken. Angefertigt wurde: 1. ein Topflappen (Stricken mit zwei Nadeln), 2. ein Waschhandschuh (Stricken mit fünf Nadeln), 3. ein Nadelkissen aus Stoffstramin, 4. Fahnen in den Farben Münchens und Bayerns, die zu Reigenspielen im Turnunterricht verwendet wurden.

3. DURCHFÜHRUNG DES LEHRPLANES IN DEN ZWEI MITTELKLASSEN

a) Heimatkundlicher Unterricht mit Zeichnen und Handarbeit. Der heimatkundliche Unterricht ist nur eine Fortsetzung des Anschauungs- und Beobachtungsunterrichts, wenigstens soweit die d r i t t e Volksschulklasse in Frage kommt; in der v i e r t e n Volksschulklasse geht er bereits in eigentlichen Geographieunterricht über und rückt damit in die Reihe derjenigen Unterrichtsgebiete ein, die es mehr oder weniger mit ü b e r l i e f e r t e m Wissen zu tun haben, wo also von einer eigentlichen E r a r b e i t u n g durch Beobachtung und Experiment wenigstens in der Volksschule nicht mehr die Rede sein kann. Wanderungen, Sandkästen zum Darstellen der horizontalen und vertikalen Gliederung, allmähliches Übertragen der so erzeugten Modelle in das zweidimensionale Kartenbild führen in die landläufigen geographischen Ausdrucksmittel ein, in die besondern Symbole und Zeichen, mit denen die Wissenschaft der Geographie arbeitet. Soweit diese Tätigkeiten (Beobachten beim Wandern, Modellieren in Sand, Zeichnen in Symbolen) geübt werden, haben wir auch im heimatkundlichen Unterricht mit einer richtigen E r a r b e i t u n g des Kulturgutes, das wir in der Karte besitzen, zu tun.

Hierher können auch noch einzelne Schülerv e r s u c h e zur Aufklärung gewisser hydrographischer Verhältnisse der oberbayrischen Hochebene gerechnet werden, wie die experimentelle Darstellung des Auftretens von Quellen, von Deltabildungen, von Inselbildungen, Verschlammung von Flußmündungen, Auftauchen des Grundwassers beim Auskeilen der durchlässigen Sandschichte usw.

Dagegen ist es ein Irrtum, daß nun auch das Zeichnen von einzelnen Gegenständen aus dem heimatkundlichen Unterricht, oder die Darstellung von Stegen, Schleusen, Brücken, historischen Toren, Schlagbäumen, Wegweisern, Feldkreuzen, Flößen, Starenkobeln usw. in Holz, wie sie der Handfertigkeitsunterricht unternahm, den G e i s t der Arbeitsschule im G e o g r a p h i e unterricht widerspiegeln. Wenn die Versuchsklassen gleichwohl diese Tätigkeiten als einen unerläßlichen Bestandteil ihres Betriebes gerade in Verbindung mit dem heimatkundlichen Unterricht pflegten, so hatte das nur den Zweck, Zeichnen und Handfertigkeit, die beide für sich ihre eigene Struktur des E r a r b e i t u n g s prinzips haben, nicht isoliert vom übrigen Unterricht laufen zu lassen, sondern eben diesen durch diese beiden Fertigkeiten zu beleben und umgekehrt das geographische Interesse auch diesen Fertigkeiten zugute kommen zu lassen.

Man hätte Zeichnen wie Handfertigkeit auch mit dem Rechnen oder mit den historischen Erzählungen und naturkundlichen Beobachtungen, die als erste Grundlegung des kommenden Geschichts- bzw. naturwissenschaftlichen Unterrichts in den heimatkundlichen Unterricht eingefügt werden, verbinden können, woraus unmittelbar erhellt, daß sie nicht Formen des Erarbeitungsprinzips für den heimatkundlichen bzw. geographischen Unterricht sein können. Nur soweit diese beiden Tätigkeiten die Erarbeitung klarer Vorstellungen eines Gegenstandes und seiner wertvollen Konstruktion zusammen mit Fertigkeiten des Konstruierens selbst ermöglichen können, müssen sie als Äußerungen des Arbeitsprinzips im Sinne der Arbeitsschule angesprochen werden. Aber das also E r a r b e i t e t e sind nicht Bildungsgüter der G e o g r a p h i e, sondern eben – genau wie ein Anschauungsunterricht – klare Vorstellungen gewisser Strukturen und Fertigkeiten zur Herstellung dieser Strukturen.

In gleicher Weise wie Zeichnen und Handfertigkeit wurden auch die Fertigkeiten des Schätzens und Messens, wo nur immer angängig, geübt und in den Dienst der Vorstellungsentwicklung gestellt. Aus den Vergleichen von tatsächlich auf den Wanderungen in der Stadt und Umgebung zurückgelegten Wegstrecken mit den auf den Stadtplänen und Karten selbst gemessenen Entfernungen wurde der Maßstab der Pläne und Karten e r a r b e i t e t und zugleich dem forschenden Tätigkeitstrieb des Kindes Rechnung getragen. Da hierbei der für den geographischen Unterricht charakteristische Begriff des M a ß s t a b e s e i n e r K a r t e tatsächlich erarbeitet wurde, so kann man diese Tätigkeit als eine im Sinne der Arbeitsschule liegende bezeichnen, wennschon auch auf allen rein technischen Gebieten der gleiche Begriff des Maßstabes genau in derselben Weise gültig ist und genau ebenso erarbeitet werden kann. In ähnlicher Weise führte auch das Durchqueren eines Tales (Isartal) und die darauffolgende Darstellung der Bewegung durch eine Zeichnung auf der Tafel in den B e g r i f f   d e s   P r o f i l e s ein, der nicht bloß der Geographie angehört.

Auf den Wanderungen wurden die Gesteinsarten der nächsten Heimat von allen Kindern gesammelt: Kalk-, Quarz- und Kieselsteine aus dem Geschiebe der Isar, Nagelfluh aus ihren Hängen, Flinz, Lehm, Kalktuff. Ihre Untersuchung und Betrachtung ist gleichfalls kein Spezifikum der Geographie; sie gehört in die Anfänge der Mineralogie.

Die mit der Heimatkunde verbundene Beobachtung von lebenden Fischen, Fröschen und Muscheln im Freien und im Schulaquarium, von Entwicklungsvorgängen im Raupenkasten, in den Blumenkisten des Schulzimmers sowie des Schulgartens dienten der Einführung in die B i o l o g i e von Tieren und Pflanzen durch selbständige Erarbeitung gewisser Vorstellungen und Begriffe.

Was endlich den Unterrichtsstoff im ganzen betrifft, so sei hier nur angeführt, daß er sich in der d r i t t e n Klasse mit München, mit der Umgebung Münchens und mit dem Flußgebiet der Isar, in der v i e r t e n Klasse mit dem alten Stammlande Bayern befaßte.

b) Rechnen. Der Rechnungsunterricht kann das Arbeits- oder Erarbeitungsprinzip überhaupt nicht verfehlen. Die Zahlenbegriffe müssen e r a r b e i t e t werden – auch in der schlechtesten Schule –, oder sie sind überhaupt nicht da. Der naturgemäße G a n g   d e r   E r a r b e i t u n g ist schon durch die natürliche Zahlenreihe selbst gegeben, wie er auch später von den ganzen zu den gebrochenen, von den positiven zu den negativen, von den rationellen zu den irrationellen, von den reellen zu den imaginären und komplexen Zahlen fortschreitet, ohne daß jemals der Versuch auch nur denkbar wäre, das Umgekehrte zu tun. Es liegt eben im Wesen des Zahlbegriffs, k o n s t r u k t i v e r Begriff zu sein.

Alle rein konstruktiven Begriffe aber, sobald sie ein W e r k -

z e u g des Denkens werden sollen, müssen unweigerlich e r a r -
b e i t e t werden, d. h. jeder, der diese Kulturgüter assimilieren
will, muß genau den gleichen Weg geistiger Tätigkeit gehen, den
der gegangen ist, der sie den Menschen geschenkt hat.

Wie sehr also auch der Rechnungsunterricht ebenso wie der
Geometrieunterricht losgelöst sein mag von aller praktischen
Betätigung (wie z. B. bei Pestalozzi in Ifferten), er trägt in sich
selbst auch in der abstraktesten Methode, sofern diese nur historisch-genetisch vorgeht, das Wesen des Arbeitsunterrichts, das
eben darin besteht, in die Struktur des Bildungsgesetzes durch
eigene Tätigkeit einzudringen. Es gibt auch tatsächlich Kinder,
die derartig veranlagt sind, daß sie ohne alle Veranschaulichungs- und konkrete Einführungsmittel die Zahlbegriffe ganz
autonom aus dem Wesen des Verstandes heraus, der sie durch
Setzen der Einheit von selbst erzeugt, in bewunderungswerter
Klarheit e r a r b e i t e n , und zwar im bloßen Verkehr mit der
Umwelt.

Je intensiver man daher die landläufigen Rechenoperationen
an die praktischen Tätigkeiten des Kindes anknüpft, um so weniger bedarf es besonderer Veranstaltungen, den Rechnungsunterricht im Sinne des Arbeitsunterrichts zu gestalten. Die Verbindung mit praktischer Tätigkeit selbst ist bloß ein ä u ß e r e s Mittel zur möglichst ausgiebigen Betätigung der geistigen Funktionen, die auch ohne diese Verbindung die Zahlenbegriffe, wenn
auch sehr viel langsamer und spärlicher, von s e l b s t erarbeiten.

Die menschlichen Tätigkeiten aber, in denen sich die Zahlbegriffe ursprünglich entwickelt haben, sind in Handwerk und
Handel vereinigt. Die Schule kann daher auch nichts Besseres für
die Entwicklung der Zahlbegriffe und des Rechnens tun, als in
der Werkstätte durch ständiges Schätzen, Messen und Berechnen
der Werkstücke und ihrer Teile und im Schulzimmer durch beständiges Zählen, Messen, Wägen, Kaufen und Verkaufen den
Schüler in die vom ureigensten Interesse an diesen Tätigkeiten
geschaffene Zwangslage zu versetzen, täglich, stündlich Zahlbegriffe zu bilden und Rechenoperationen vorzunehmen.

Daß unsere Schulen bisher das Rechnen in völliger Isoliertheit, wenn auch in der fiktiven Annahme sogenannter praktischer Aufgaben, fern von aller praktischen, von stärksten Kinderinteressen erfüllten Tätigkeit pflegten, das hat die unzähligen Methoden erzeugt, die über die gähnende Kluft der Interesselosigkeit Brücken schlagen sollten, und die doch trotz aller Brücken den Rechnungsunterricht wenig erfreulich für Kinder und Lehrer machen.

Aber diese innige Verbindung von Rechnen und Werktätigkeit, von Rechnen und Handeln, macht den Rechenunterricht nicht m e h r zum Arbeitsunterricht, als er es auch ohne alle solche Verbindung ohnehin schon ist, wenn er noch so abstrakt, aber methodisch richtig behandelt wird. Was diese Verbindung, die in unsern Versuchsklassen auf das innigste hergestellt wurde, bewirkt, das ist, daß d i e g a n z e F ü l l e d e s I n t e r e s s e s, welches das Kind allem Tun entgegenbringt, r e s t l o s i n d i e r e c h n e r i s c h e T ä t i g k e i t ü b e r s t r ö m t.

Was den Unterrichtsstoff selbst betrifft, so behandelte der Rechenunterricht der d r i t t e n Klasse den Zahlenraum von 1-10000, der der v i e r t e n Klasse den unbegrenzten Zahlenraum, wie in allen übrigen Klassen der Münchener Volksschulen.

c) Sprachunterricht. Mit Beginn der dritten Klasse spaltet sich der in den Unterklassen im Schreibleseunterricht zusammengefaßte und einheitlich gestaltete Sprachunterricht in seine verschiedenen Zweige: Lesen, Grammatik, Aufsatz, Schönschreiben, Rechtschreiben. Jedem der fünf Zweige sind besondere Stunden zugewiesen. Daß diese Spaltung viel zu früh einsetzt, ist eine Anschauung, der ich beipflichten muß. Aber die Versuchsklassen mußten den für alle Schulen gültigen Lehrplan adoptieren und konnten so keine andern Wege gehen.

Was das L e s e n betrifft, so handelt es sich hierbei a) um das Erwerben einer geistigen Technik, b) um das bloße E r f a s - s e n eines logisch geordneten Inhaltes, c) um das E r l e b e n eines Inhaltes aus einer in Wortsymbolen gegebenen Form. Das Kulturgut, das hier erarbeitet werden soll, ist entweder ein theoretisches Gut oder ein ästhetisches Gut.

Da die Lesefertigkeit nur durch Ausübung des Lesens erzielt

werden kann, und zwar durch lautes Lesen, so kann die Erarbeitung dieser Fertigkeit kaum verfehlt werden. Aber diese Fertigkeit kann eine mechanisch-virtuose und eine organisch-künstlerische sein. Die erste geht häufig am Sinne des Gelesenen vorüber, die zweite ist ohne beständiges Erfassen und Erleben des Inhaltes nicht zu erreichen. Für diese zweite und einzig erstrebenswerte Art der Lesefertigkeit bietet sich a) das Mittel der mimisch-dramatischen Darstellung von Lesestücken mit lebhafter Handlung (produktiver Weg), b) das Mittel der durch den Lehrer vorbereiteten Stimmung, aus der das Lesestück (Gedicht) geboren ist (rezeptiver Weg). Beide Wege betrat der Unterricht so ausgiebig als möglich. Insbesondere ist auch für die e t h i s c h e Auswertung guter Erzählungen und Gedichte, das Erzeugen der vorbereitenden Stimmung und die mit der dramatischen Darstellung notwendig verbundene Versenkung in den Inhalt weitaus fruchtbarer als alle nachträgliche moralisierende Ausschlachtung des Gelesenen, vor dem man nicht genug warnen kann. E r l e b e n die Kinder das Gelesene, so haben sie es auch e r a r b e i t e t ; die Arbeitsschule hat ihr Prinzip vollauf damit gewahrt. Die moralische Analyse ist Sache eines anderen Unterrichts – des Moralunterrichts zur Bildung der moralischen Urteilsfähigkeit.

Mit moralischem Verhalten im Handeln darf aber weder das Erleben moralischer Werte im Leseunterricht, noch viel weniger die Ausbildung der Urteilsfähigkeit verwechselt werden. Von diesem Erleben und dieser Ausbildung des Urteils bis zum tatsächlichen moralischen Verhalten ist noch ein ungemein weiter Weg, ein Weg auf den wir den Schüler nur durch die sozialen Güter der A r b e i t s g e m e i n s c h a f t führen.

Wie Lesen, so sind auch S c h ö n s c h r e i b e n und R e c h t s c h r e i b e n Fertigkeiten, Schönschreiben eine manuelle, Rechtschreiben eine intellektuelle. Auch bei diesen Fertigkeiten kann der Weg der Arbeitsschule nicht verfehlt werden; jede Fertigkeit muß eben, damit sie Fertigkeit wird, systematisch erarbeitet werden. Die Versuchsklassen III und IV setzten selbstverständlich im Schönschreiben den in den Unterklassen eingeschlagenen Weg der schöpferischen Erarbeitung einer gleichmäßigen, der individuellen Schülerhand entsprechenden »Schön«-Schrift fort, wobei bereits in der dritten Klasse auch mit der Erarbeitung der deutschen Frakturschrift begonnen wurde. Der Erarbeitung der Rechtschrift dienten auch Betrachtungen über Wortbedeutung und Wortbildung.

Mit der Sprachlehre oder Grammatik setzt in der Volksschule der erste eigentlich theoretische Unterrichtsstoff ein. Daß schon die Mittelklassen damit unglückseligerweise belastet werden, hängt damit zusammen, daß an diese Klassen die Gelehrtenschulen anschließen, welche bei ihren Aufnahmeprüfungen elementare Kenntnisse in der deutschen Grammatik verlangen. Auch in dieser Disziplin ist der allein mögliche Weg der Arbeitsschule längst allgemein betreten: der Weg der Induktion. Der einzige Nachteil ist, daß die Induktion auf dem Gebiete der Sprache nur zu Regeln mit soundso vielen Ausnahmen führt, die eben nicht erarbeitet werden können, sondern überliefert werden müssen. Aber auch selbst da, wo von den Ausnahmen geschwiegen wird, verbietet es die Reife bzw. die Unreife der acht- und neunjährigen Kinder häufig genug, selbst den induktiven Weg zu betreten. Die immanenten Bildungswerte der Sprachgüter kann eben im allgemeinen, abgesehen von gewissen ästhetischen Bildungswerten, die Volksschule durch keinen Arbeitsschulbetrieb auslösen. Das ist zur Not noch den höheren Schulen möglich, die das ausgezeichnete Werkzeug der Sprachvergleichung hierzu zur Verfügung haben.

Vermag das Lesen zum Erleben bereits dargestellter ästhetischer Werte und der mit ihnen auf das engste verbundenen ethischen Inhalte zu führen, so ist es Aufgabe des Aufsatzunterrichtes erlebte Seeleninhalte darzustellen. Das allein soll seine Aufgabe sein; denn nur wenn der Aufsatz Erlebtes darstellt, wird man an die Darstellung auch ästhetische Ansprüche machen können.

Der Grundzug aller Darstellung, also auch der sprachlichen, ist zunächst reine Sachlichkeit. Sachlich können wir nur das darstellen, was wir vollständig beherrschen. Das Kind beherrscht im allgemeinen nur das, was es erlebt hat, in der Werkstätte, im Schulgarten, auf den Wanderungen, im Schulzimmer, am Schulwege, in der Familie. Aus diesen Erlebnissen wählten die beiden Klassen die Stoffe ihrer sogenannten Aufsätze. Das Kind kann auch Märchen und Erzählungen e r l e b e n ; das hängt von der Darstellungskraft des Lehrers ab. Das wichtigste in den ersten Übungen im schriftlichen Ausdrucke – so sollte man den Aufsatzunterricht in der Volksschule bezeichnen – ist immer, daß das Darzustellende das v o l l e Interesse des Darstellers hat, und daß womöglich auch ein praktischer Zweck den Schüler zur Darstellung nötigt. Das sind die beiden Hauptforderungen, welche die Arbeitsschule an den Aufsatzunterricht stellt. Auch wir Erwachsenen greifen nicht zur Feder a) wenn uns kein Erlebnis zu einem ästhetischen Werke drängt, b) wenn unsere Darstellung keinen bestimmten Zweck erfüllt.

Den Schülern aber mutet man zu, ohne Erlebnisse und ohne gewollten Zweck – Aufsätze zu machen. Man hat, um dies zu vermeiden, oft genug die Form des Briefes empfohlen. Aber ein Brief, der kein Bedürfnis ist, hat auch keinen selbstgefühlten Zweck, und daher sind die Briefaufsätze der Schüler um kein Haar besser als die übrigen Aufsätze.

Neben der schriftlichen Darstellung wurde auch, wie in den beiden ersten Klassen, die mündliche geübt, vor allem durch die allwöchentliche mündliche Berichterstattung über die Vorkommnisse in der Schülerwerkstätte und über den Fortgang und die Art der jeweils in Frage stehenden Aufgaben der Werkstätte. Da es sich hier um g e m e i n s a m e Erlebnisse handelt, so war bei diesen Berichten auch das Klasseninteresse wachgerufen.

d) Religionsunterricht. Der Religionsunterricht der Volksschule hat zwei Aufgaben zu lösen: 1. die positiven Lehren der betreffenden Konfession zu übermitteln; 2. das religiöse Verhalten zu erwecken, zu entwickeln, zu veredeln und mit dem praktischen Verhalten zu verschmelzen.

Die zweite Aufgabe ist die weitaus wichtigste; von ihrer richtigen Lösung hängt auch die wertvolle Lösung der ersten Aufgabe ab. Die richtige Lösung der zweiten Aufgabe führt unmittelbar in das Prinzip der Arbeitsschule. Alles hängt davon ab, wie weit es dem Lehrer gelingt, die Beziehung zum Transzendenten, zu

Gott e r l e b e n zu lassen.

Diesen Erlebnisakten dient teils die enge Verbindung des Unterrichts mit den Erlebnissen des Kirchenjahres, teils eine Darstellung der biblischen Geschichte, die durch die Kunst des Lehrers selbst zum Erlebnis für die Schüler wird. Erst auf dem Boden solcher religiöser Erlebnisse gewinnen dann auch die nicht zu erarbeitenden, andern unmittelbar mitzuteilenden positiven Lehren der Konfession ihre Kraft und praktische Bedeutung. So wurde in der vierten Klasse, deren katholische Schüler zum ersten Male das Sakrament der Beichte empfangen, die biblische Parabel vom verlorenen Sohne durch entsprechende Darstellung zu einem großen Erlebnis gestaltet und aus diesem Erlebnis die sakramentalen Erfordernisse einer Beichte zum Bewußtsein gebracht. So wurde die Materie des Sündenbekenntnisses aus kindlichen Erlebnissen, vor allem aus Gewissenskonflikten gewonnen. So wurde die Gewissenserforschung durch entsprechende Anleitung zu einer Lebensgewohnheit des Tages gemacht.

e) *Turnen und Singen* sind zunächst, wie der schriftliche sprachliche Ausdruck, Fertigkeiten. Soweit sie bloß Fertigkeiten sind, sind ihre Übungen unmittelbar Tätigkeiten im Sinne der Arbeitsschule. Die Technik des Turnens wie des Singens wird eben durch technische Übungen e r a r b e i t e t .

Allein die Arbeitsschule als Schule der Charakterbildung pflegt keine Technik um der Technik willen. Für sie soll jede erarbeitete Technik nur eine weitere Ausdrucksmöglichkeit der g a n z e n Persönlichkeit sein. Daraus erwachsen dem Turn- und Singunterricht neue Aufgaben, die nicht gelehrt, sondern nur erlebt und nur aus dem persönlichen Erlebnis heraus gelöst werden können. Aus den Ereignissen der Zeit und den Verhältnissen der Stunde entwickeln sich Gefühle, die den Menschen von selbst zur Darstellung in der Bewegung wie im Gesange drängen. Die Aufgabe der Arbeitsschule ist, allgemeine Seelenzustände zu schaffen, die zur Darstellung drängen, und nebenher Übungen zu veranstalten, welche es ermöglichen, den Gefühlen vollen und zugleich ästhetischen Ausdruck zu verleihen. Turnspiele, rhythmische Freiübungen, Reigen, Nachahmungs- und Singspiele, von den Schülern selbst veranstaltete Schulfeste lösen jene Stimmungen aus, denen die technischen Übungen zum adäquaten Ausdruck verhelfen können. Auch religiöse und vaterländische Feste können dem rechten Lehrer, der unter ihrem Eindruck steht, zur Erweckung jener tiefen Gefühle dienen, denen das Lied wie die Bewegung Ausdruck verleihen.

f) Holzbearbeitungsunterricht. Wie bereits erwähnt, stand der Holzbearbeitungsunterricht in der dritten und vierten Klasse mit dem heimatkundlichen Unterricht und dem Rechenunterricht in möglichst enger Verbindung. Er entwickelte aber sein eigenes Arbeitsprinzip als Technik immer folgerichtiger. Denn nur so konnte er als wirkliches Bildungsmittel sein Recht im Lehrplane behaupten.

Die Arbeitstechniken waren gleich denen der Vorjahre: Stumpfe Verbindungen, einfache Ecküberplattungen, T-Verbindungen, Bohrzapfenverbindungen. Stets wurde auf eine genaue, selbständige Ausführung aller Verbände gesehen.

Als Material dienten: gleich- und ungleichseitige Vierkantstäbe und Rundstäbe aus Tannen-, Fichten-, Erlen- und Buchenholz; Draht und Drahtgitter, Klammern, Schrauben; Farben, Beizen, Polituren; Flintpapier, Leim, Brennspiritus.

Als Werkzeuge wurden benutzt: Maßstab, Bleistift, Winkel, Reißahle, Gehrungsschneidlade, Einstreichsäge, Raspel, Plattfeile, halbrunde Feile, Handbohrer, Hammer, Beißzange, Drahtzange, Schraubzwinge, Lehren für Bohrzapfen, Holzklötzchen zum Anreißen.

Als Arbeitsvorgänge sind zu verzeichnen: Messungen und Berechnungen in großer Fülle, Anzeichnen oder Anreißen, Sägen, Raspeln, Feilen, Bohren, Nageln, Schleifen, Beizen und Einlassen mit Politur.

Vor Beginn jeder neuen Übung fand jeweils eine Besprechung statt, in welcher das Material, die Form, der Zweck sowie die Zergliederung und Benennung von Haupt- und Nebenteilen an der Hand von Modellen sorgfältig erläutert wurde. Vor jedem Arbeitsprozeß wurden die Arbeitsvorgänge auf das genaueste erklärt und vorgemacht sowohl vom Lehrer als auch von einzelnen Schülern.

Neben richtiger Handhabung der Werkzeuge sowie genauer Ausführung aller einzelnen Arbeiten wurde ganz besonderer Wert auf das Messen und Berechnen aller Teile gelegt. Einer richtigen Handhabung und Benutzung des Winkels wurde besondere Aufmerksamkeit zugewendet.

Die Kosten für den gesamten Materialverbrauch beliefen sich in der dritten Klasse auf 72,20 Mark, in der vierten Klasse auf 87,24 Mark, so daß auf den Schüler der dritten Klasse rund 1,50, auf den der vierten Klasse rund 2 Mark Materialverbrauch im Jahre kommen.

Arbeiten der dritten Klasse.

1. Sandkasten, 50×35×6 cm, für den heimatkundlichen Unterricht. Je zwei Schüler fertigen einen Kasten. Nur im Jahre 12/13 in 24 Stück angefertigt für den Unterricht. (10 Std.)

2. Raupenkästen, 50×35×31 cm, für den heimatkundlichen Unterricht. Jede Abteilung fertigt einen Kasten. In späteren Jahren Raupenkästchen (s. Figur Tafel III) von je zwei Schülern gefertigt im Maßstab 27×17,5×15 cm. (20 Std.)

3. Plakatständer. Einzelarbeit. (4 Std.)

4. Feldkreuz mit Betbank. Eine der liebsten Arbeiten der Schüler. Höhe 36 cm, Dachausladung 19 cm, Boden für Kreuz und Bank 20×20 cm. Einzelarbeit. (17 Std.)

5. Schlagbaum. 79×46 cm. Einzelarbeit. (15 Std.)

6. Schleuse (s. Figur Tafel IV), 23 cm in der Höhe, Grundbrett 24×25 cm. Einzelarbeit. (12 Std.)

Die sämtlichen Arbeiten beanspruchen also im Jahre zusammen 78 Stunden.

Arbeiten der vierten Klasse.

1. Floß für Holztransport. Zusammenbinden der Baumstämme

mit selbstgefertigten Drahtseilen. 2. Ruder. Auf dem Floß eine Holzbeuge. Einzelarbeit. 28×14 cm. (17 Std.)

2. M e t e r s t a b in Erlenholz. 100×10×2,8 cm. Dezimeter- und Zentimeterteilung von den Schülern hergestellt. Der Stab selbst wird in richtiger Größe den Schülern geliefert. Dezimeterstellen durch die Breite des Stabes gesägt, halbe Dezimeterstellen durch die halbe Breite mit Stahlblechmeißeln eingemeißelt. Die Zentimeterstellen: Vorreißen mit Reißahle, auf ein Drittel Stabbreite, dann wieder Einmeißeln mit Stahlblechmeißeln. Einlassen mit Politur; Überwischen mit Nußbeize. Die vertieften Stellen werden dunkel. Einzelarbeit. (10 Std.)

3. V o g e l f u t t e r h ä u s c h e n. Bodenbrett 40×28 cm, Höhe bis zur Dachunterkante 15. Dachhöhe 15. Säulen und Balken aus Vierkantstäben 2×2 cm. Dachsparrenquerschnitt 2×1 cm. Dachsparren gedeckt mit Brettern. Einzelarbeit. (16 Std.)

4. S t a r e n h a u s (s. Figur Tafel V). Höhe 35. Breite und Tiefe 16 cm. Einzelarbeit. (14 Std.)

5. M a i b a u m. 70 cm hoch. Bodenbrett 16×16 cm mit Umzäunung. Baum eingeteilt in drei Abteilungen. Erste Abteilung mit Fahnen in bayrischen Farben. Zweite Abteilung: Werkzeuge der Versuchsschule. Dritte Abteilung: Kirche und Schule. Alles nach Art der Spielwaren selbstgefertigt. Schluß wieder zwei Fahnen in Münchener Stadtfarben. Einzelarbeit. (22 Std.)

Die sämtlichen Arbeiten beanspruchen also im Jahre zusammen 79 Stunden.

g) Weibliche Handarbeiten. Der Unterricht setzte die Techniken der ersten und zweiten Klasse fort: Stricken, Sticken und Nähen. In der vierten Klasse wurden die Strickübungen der dritten Klasse auf einen Schlips oder Kragenschoner angewendet. Als neue Technik im Sticken wurde der Kreuzstich eingeführt, und wie das Musterstricken zu einem Schlips, so führte die Fertigstellung des Kreuzstichmusters zum Umschlag eines Nadelbüchleins, dessen Innenseiten die Schülerinnen mit Stoffresten und Bändern ausarbeiteten. Als Einlage wurden Flanellflecke genommen, die zugleich eine Gelegenheit für Schneideübungen boten. Endlich befaßte sich die vierte Klasse noch mit Sticken einer B o r t e auf geschlossenem Faden und weichem Gewebe, die von den Kindern selbst entworfen und als Zwischensatz für eine von den Kindern selbst hergestellte Schürze diente.

4. SCHLUSSBETRACHTUNGEN

Mit der Darstellung des Unterrichtsbetriebes der vier ersten Volksschulklassen im Sinne einer Arbeitsschule ist das Bild der genehmigten Versuchsklassen abgeschlossen. Was hier gegeben wurde, ist nur ein Beispiel eines Versuches und nicht einmal eines völlig freien Versuches, weil ja die Lehrziele jeder Klasse und jedes Unterrichtsfaches von vornherein durch die für sämtliche Volksschulklassen genehmigten Lehrpläne auch für die Versuchsklassen vorgeschrieben waren. Ich bin mir keinen Augenblick im unklaren darüber, daß eine Ausdehnung des Holzbearbeitungsunterrichts von 2 auf 6 Stunden in der Woche in den beiden ersten, auf 4 in den beiden nächsten Klassen und eine Verbindung mit Gartenarbeiten eine noch weit stärkere Konzentration des Gesamtunterrichtes ermöglichen würde, vielleicht unter Verschiebung der Ziele der ersten zwei oder drei Schuljahre in andern Unterrichtsfächern, aber unter stärkster Wirkung für die Gesamtpersönlichkeit des Kindes. Denn nur, wo wir die ausschließlich in diesem Alter vorwiegenden praktischen Interessen des Kindes packen, bekommen wir mit einem Schlage seine ganze Persönlichkeit in die Hand. Erst aus seinen Interessen heraus wird das Kind in Wahrheit »selbsttätig« und damit in seiner Totalität »selbstbildend«. So wie die gewöhnliche Schule »Selbsttätigkeit« auffaßt, handelt es sich bloß um »Tätigkeit«, die natürlich das Kind »selbst« ausübt. Aber damit ist ja gar nichts gewonnen. Es handelt sich nicht darum in der Arbeitsschule, daß das Kind »selbst« tätig ist, sondern darum, daß es »a u s s e i n e m S e l b s t« zur Tätigkeit genötigt wird. Damit erst tritt der g a n - z e Mensch mit seinem Empfinden, Vorstellen, Denken, mit allen seinen Gefühlen, Trieben und Willensakten in die Tätigkeit ein, und nicht weil ihm ein anderer den Zweck des Tuns einige Augenblicke »interessant« macht, weil der Lehrer das Interesse (soll heißen die Neugierde) erweckt, sondern weil der Mensch aus seiner inneren zeitweiligen oder dauernden Gesamtveranlagung gar nicht anders k a n n . Die landläufige Pädagogik vergißt immer, daß ein bloß i n t e r e s s a n t g e m a c h t e r Gegenstand bei weitem nicht jene Kräfte im allgemeinen auslöst wie ein v o m e i g e n s t e n I n t e r e s s e e r g r i f f e n e r Gegenstand. Sobald aber erst einmal die »Selbsttätigkeit« aus dem innersten Bedürfnis nach Erzeugung eines Objekts entsprungen ist, dann ergreift sie alles, was mit der rechten Erzeugung notwendig verbunden werden kann, Rechnen, Zeichnen, ja selbst Lesen und Schreiben mit der gleichen Wucht der nach Erfüllung des Bedürfnisses drängenden ganzen Seele.

Die Mühsal des Unterrichtes und die Gequältheit seiner Methoden in den Klassen der Volksschule ist nur deshalb bisweilen so groß, weil unsere ganze Volksschule auf die im Kindesalter häufig noch sehr spärlich entwickelten i n t e l l e k t u e l l e n I n t e r e s s e n eingestellt ist, während sie s o z i a l e und t e c h n i s c h e Interessen, die im Kindesalter absolut vorherrschen, völlig ignoriert. Ich erhebe mit vollem Bewußtsein diesen Vorwurf. Denn damit, daß die Schule soziale »Lehre« gibt, oder in der Stellung ihrer theoretischen Aufgaben das praktische Leben als Hintergrund wählt, berücksichtigt sie in keiner Weise die sozialen und technischen Interessen des Kindes. Die wirklichen Interessen des Kindes s c h r e i e n nach Handeln, nach praktisch-sozialem oder praktisch-technischem Handeln. Und nur im Handeln werden die Kulturgüter e r a r b e i t e t .

Diese elementaren Lehren aller Erziehung werden aber erst Leben und Kraft gewinnen, wenn diejenigen Schulen, die unsere Lehrer erziehen, selbst Arbeitsschulen geworden sind. Wer nicht gewöhnt wurde, seinen seelischen Besitz sich selbst zu erarbeiten, mit Selbstüberwindung und Rücksichtslosigkeit gegen die eigene Natur, mit unermüdlicher Ausdauer und reinem Erkenntnisdrang, und wer keinen tieferen Einblick getan hat in die eigentliche Werkstätte des kindlichen Geistes, in das Triebwerk seiner Interessen, dem wird das Wesen der Arbeitsschule immer ein Rätsel bleiben.

Tafel I

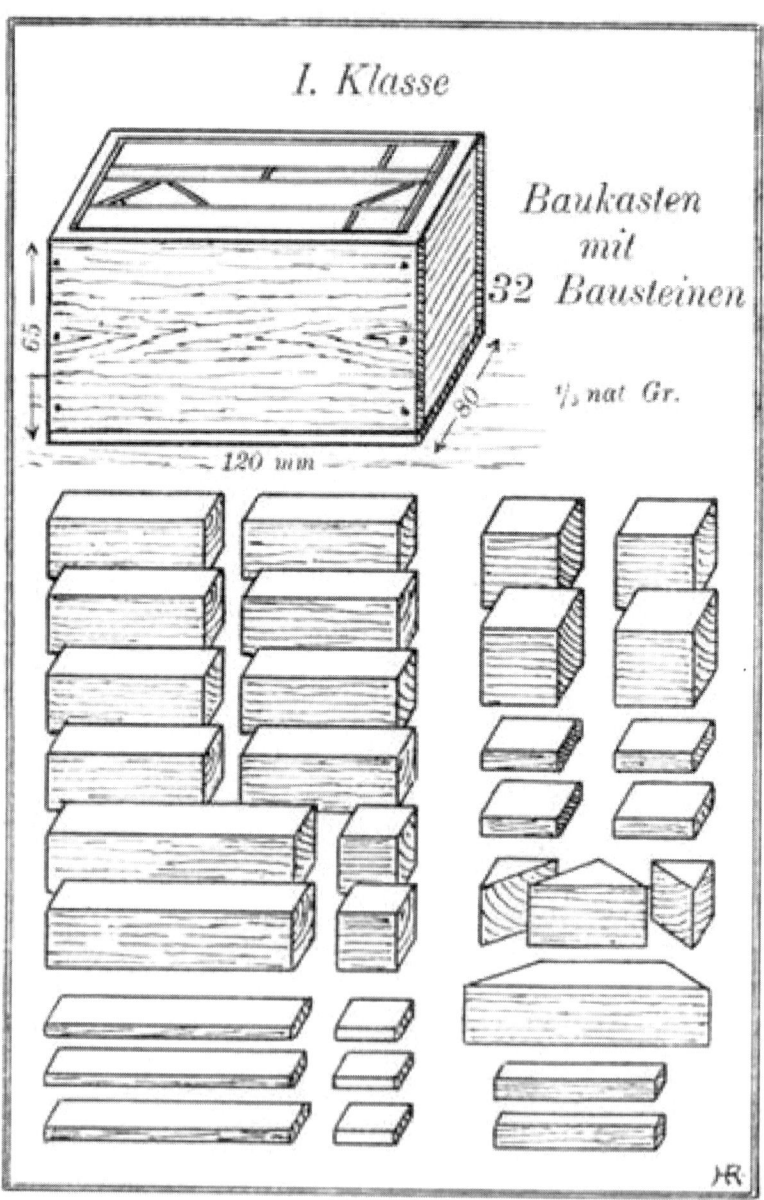

Tafel II

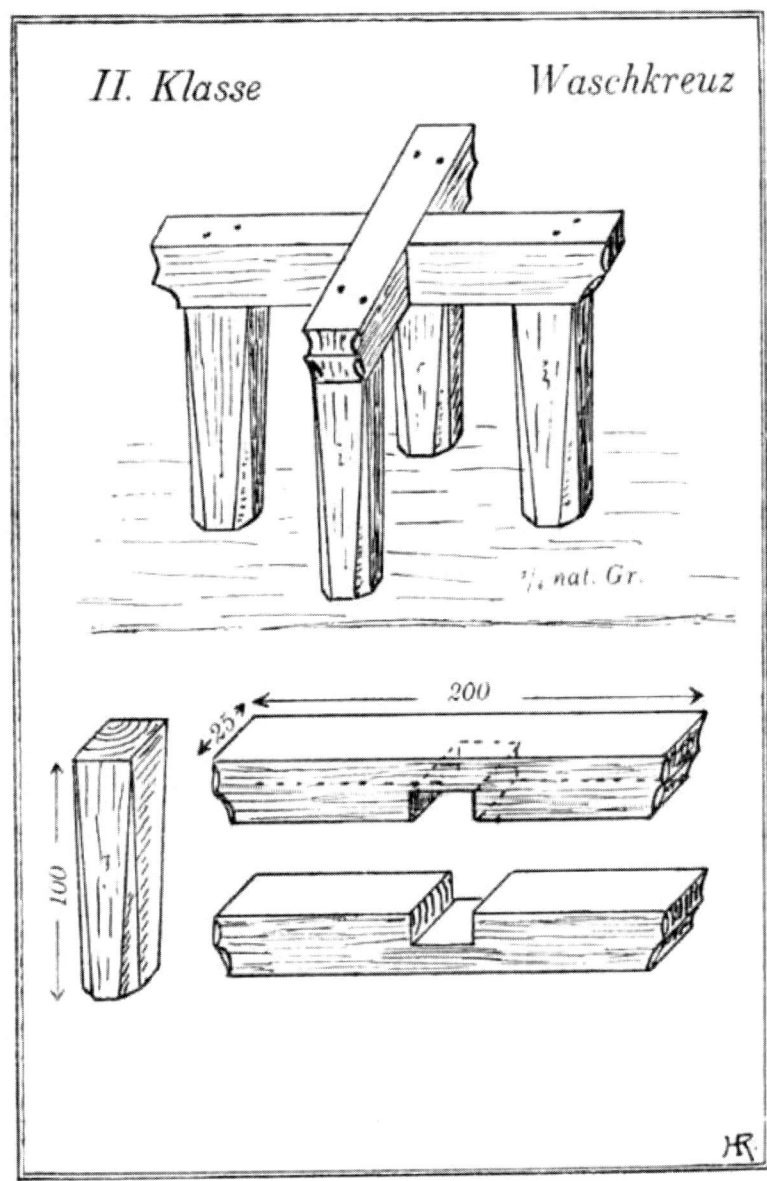

Tafel III

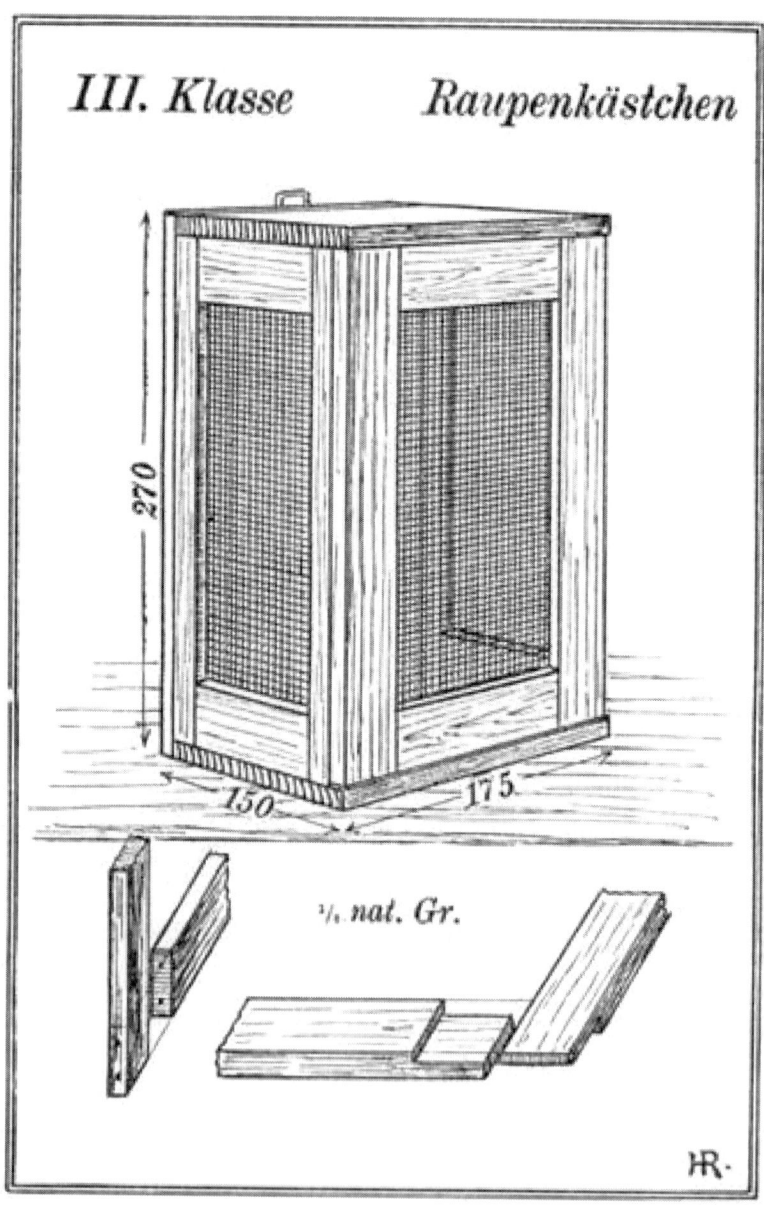

Tafel IV

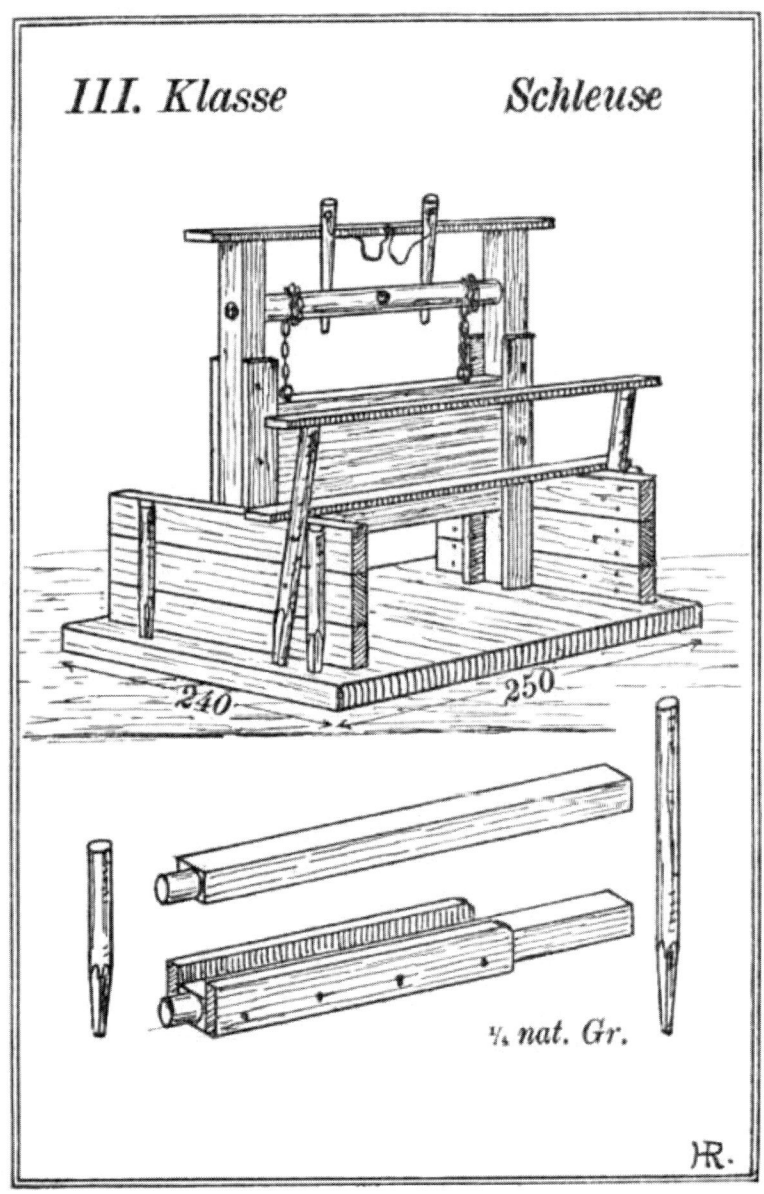

Tafel V